科技汉语读写教程

CHINESE FOR SCIENCE AND TECHNOLOGY
—READING AND WRITING

主　编 ◎ 白晓红
编　者 ◎（按姓氏音序排名）
　　　　白晓红　毛俊萍
　　　　王业奇　王子君
翻　译 ◎ 王子君

北京语言大学出版社
BEIJING LANGUAGE AND CULTURE
UNIVERSITY PRESS

图书在版编目（CIP）数据

科技汉语读写教程 / 白晓红等编著. — 北京：北京语言大学出版社，2012.1（2025.3重印）
（来华留学生专业汉语学习丛书. 科技汉语系列）
中国政府奖学金生专用教材
ISBN 978-7-5619-3228-5

Ⅰ. ①科… Ⅱ. ①白… Ⅲ. ①科学技术—汉语—阅读教学—对外汉语教学—教材②科学技术—汉语—写作—对外汉语教学—教材 Ⅳ. ①H195.4

中国版本图书馆 CIP 数据核字（2012）第 007327 号

书　　名：	科技汉语读写教程 KEJI HANYU DUXIE JIAOCHENG
责任印制：	邝　天

出版发行：	北京语言大学出版社
社　　址：	北京市海淀区学院路 15 号　邮政编码：100083
网　　址：	www.blcup.com
编 辑 部：	8610-8230 3647/3592/3395
国内发行：	8610-8230 3650/3591/3648
海外发行：	8610-8230 0309/3365/3080
读者服务部：	8610-8230 3653
网上订购：	8610-8230 3908（国内）/ 3668（海外）service@blcup.com
印　　刷：	北京富资园科技发展有限公司
经　　销：	全国新华书店

版　　次：	2012 年 2 月第 1 版　2025 年 3 月第 9 次印刷
开　　本：	787 毫米 × 1092 毫米　1/16　印张：16
字　　数：	271 千字
书　　号：	ISBN 978-7-5619-3228-5 / H · 12005
定　　价：	75.00 元

PRINTED IN CHINA

凡有印装质量问题，本社负责调换。售后QQ号1367565611，电话010-82303590

编写说明
Words from the compilers

"来华留学生专业汉语学习丛书"适用于来华学习理工、西医、经贸、中医及相关专业,汉语水平为初级的外国留学生,旨在培养留学生学习理工、西医、经贸、中医及相关专业所急需的听说读写技能,帮助学习者掌握专业汉语的基本词汇、构词法、表达句式,使之顺利地入系接受本科专业教育。

本教程为"来华留学生专业汉语学习丛书·科技汉语系列"语言类主干教材,是为理工类来华留学生在预科阶段学习而编写的专门汉语教材。它是普通汉语课程和数理化专业课程之间的桥梁和纽带。本教程主要目标是,培养预科留学生在数、理、化、计算机方面所需的基本汉语知识和基础汉语技能,为学生学习数、理、化、计算机等专业课消除语言障碍,为专业课提供必要的语言支撑。

留学生学习数理化等专业课,首先遇到的障碍是在语言方面。专业教材的表述语言属于科技语体,其词汇、语法结构与日常口语体有着巨大的差异。据我们对近400万字的数理化教材语料的统计,在频率最高的前1000个非科技术语词中,有20%的词没有被列入HSK词汇大纲,即使是出现在HSK词汇大纲中的80%的词,也大多属于级别较高的词汇(丙级、丁级),初级汉语教材中大多还没有涉及。此外,语法结构方面,科技语体所用句型、句式更注重严密的逻辑性,定语、状语比较复杂;同时,又有不少习用的文言文格式。因此,科技语体的理解难度要明显高于日常口语语体。即使一个人的普通汉语达到了一定水平,要想理解数理化等专业教材所使用的语言也有相当的难度。预科留学生绝大多数是从来没有学过汉语的,他们在预科阶段汉语要从零学起,要想在一年的时间内达到能基本听懂专业课讲授、基本读懂数理化专业教材的程度,其困难是可想而知的。

要想较好地完成培养目标,在普通汉语教材和数理化专业教材之间必须有一个过渡的桥梁,本教程就试图在这方面发挥其独特的作用。

这套教材与以往的科技汉语教材有两方面的不同。

首先,以功能为纲。以往的科技汉语教材可以分为科普性教材和专业性教材两类。科普性汉语教材多以科技话题为纲,优点是知识涉及面广、趣味性强;缺点是专业知识和语言训练都比较散漫,缺乏系统性。专业性科技汉语教材,多以专业知识体系为纲,其优点是知识比较系统,缺点是语言难度大,缺乏梯度和趣味,不利于汉语初学者的学习掌握。本教程走的是功能法的路子,通过对科技汉语语料的认真分析,提炼出若干个语言功能项目,如"常见数学符号""常用表达式""简单数理关系""定义与说明"以及"位置与方向"等,根据这些语言功能项目来安排教学内容。由于这些功能项目是贯穿于数理化各门专业教材的表述语言中的，因此以语言功能为纲，使得本教材内容上不局限于某一科专业知识，而具有普适性。

其次，以半科技词语和书面词语为主。科技语体与日常口语语体在词汇方面最突出的差别是，前者有大量的专业术语、半科技词语和带文言色彩的书面词语。专业术语主要承载独特的专业概念和知识，专业性强，数量大，作为初级水平的专业汉语教材无法也不适合以此为教学目标。半科技词语和常用书面词语在科技语体中使用频率高、分布范围广，是构成科技语体的基础材料，因此，这套教材以半科技词语和常用书面词语为主要教学内容，根据其使用频率来选择用词。教材共选用生词语1100个左右（其中"读写教程"和"听说教程"共同选用的占60%），绝大部分在《科技汉语词频表》*中位于前2000位，这就保证了所教授词语的基础性和通用性。

本教程与《科技汉语听说教程》相配合，其练习的内容以读为主，以写为辅，重在培养学生对科技汉语的阅读理解能力。课文结构包括学习词语、学习格式、学习课文、课外练习以及小知识五大部分。丰富、实用的练习是本教材的一大特色。除了在前四部分都设计了相应的练习题，边学边练以外，在练习形式上还有五种新颖实用的题型：一是体现合作学习的练习；二是接近新HSK考试题型的练习；三是引导学生体会汉语构词法的练习；四是激发学生探索欲望的趣味练习；五是提高学生对手写体汉字认识能力的练习。

本教程在细节上突出人性化设计，如特别增加了mp3目录，便于学生检索和自学，提高学习效率；补充手写体练习、手写体课文，并区分三个连写程度不同的阶段，有利于提高学生入系后对手写板书的认读效率；生词、课文、语音练习均配有录音，并按段落及练习题切分文件，方便学生反复模仿发音，加快知识的语码转换。

全书一共21课，建议每5~6课时完成一课，全书可供一个学期的教学使用。部分练习参考答案可登录北京语言大学出版社"汉语教学与文化资源中心"（resources.blcup.com）获取。

编写分工：第1课由白晓红、王业奇、毛俊萍、王子君共同编写；第2、3、4、5课由王业奇编写；第6、7、8、9、10课由王子君编写；第11、12、13、14、15课由毛俊萍编写；第16、17、18、19课由白晓红编写；第20、21课由王业奇、白晓红编写。全书由白晓红负责统稿。

在科技汉语语料分析和统计工作中，我们得到了郑洪升、张雅轩、王雷三位专业人士的大力帮助，在此表示衷心感谢！

编　者

* 本教程的编写人员从分析、统计科技汉语语料入手，通过对近400万字的初中、高中以及大学数理化、计算机教材的统计、筛选，制定出《科技汉语词频表》。

目 录
Contents

第 一 课	数学符号	1
Lesson 1	Mathematical Symbols	
第 二 课	常用表达式	11
Lesson 2	Common Expressions and Formulas	
第 三 课	简单数理关系	21
Lesson 3	Simple Mathematical Relations	
第 四 课	常用数学图形及图形间的关系	32
Lesson 4	Common Mathematical Graphics and Their Relations	
第 五 课	定义与说明	41
Lesson 5	Definition and Illustration	
第 六 课	位置与方向	49
Lesson 6	Location and Direction	
第 七 课	异同与比例	61
Lesson 7	Similarity, Difference and Proportion	
第 八 课	运算与操作（数学）	72
Lesson 8	Calculation and Operation (Mathematics)	
第 九 课	运算与操作（物理）	86
Lesson 9	Calculation and Operation (Physics)	
第 十 课	运算与操作（化学）	97
Lesson 10	Calculation and Operation (Chemistry)	
第十一课	指令与要求	107
Lesson 11	Instructions and Directions	
第十二课	分类与举例	117
Lesson 12	Categorization and Exemplification	

第 十 三 课	变换解释（说明）	
Lesson 13	Explaining in Different Words	129
第 十 四 课	事物的构成	
Lesson 14	Composition of an Object or a Substance	138
第 十 五 课	事物的变化（一）	
Lesson 15	Changes of Things（Ⅰ）	148
第 十 六 课	事物的变化（二）	
Lesson 16	Changes of Things（Ⅱ）	157
第 十 七 课	因果联系	
Lesson 17	Cause and Effect	168
第 十 八 课	条件限制	
Lesson 18	Condition and Restriction	177
第 十 九 课	推论总结	
Lesson 19	Inference and Conclusion	188
第 二 十 课	问题解读（一）	
Lesson 20	Understanding the Problems（Ⅰ）	198
第二十一课	问题解读（二）	
Lesson 21	Understanding the Problems（Ⅱ）	208

课文（手写体）
Texts (handwritten)   218

词语总表
Vocabulary   230

Mp3目录
Mp3 Contents

音轨 File	课文页码 Page	音轨 File	课文页码 Page
1-1	1	5-4	43
1-2	2	5-5	44
1-3	5	6-1	49
2-1	11	6-2	50
2-2	12	6-3	54
2-3	15	6-4	54
2-4	15	6-5	54
3-1	21	6-6	54
3-2	21	7-1	61
3-3	25	7-2	62
3-4	25	7-3	65
3-5	25	7-4	65
4-1	32	7-5	66
4-2	33	7-6	66
4-3	34	8-1	72
4-4	35	8-2	72
4-5	35	8-3	77
5-1	41	8-4	77
5-2	42	8-5	77
5-3	43	8-6	77

音轨 File	课文页码 Page	音轨 File	课文页码 Page
8-7	77	12-2	117
9-1	86	12-3	122
9-2	86	12-4	122
9-3	91	12-5	122
9-4	91	12-6	123
9-5	91	13-1	129
10-1	97	13-2	129
10-2	98	13-3	133
10-3	101	13-4	133
10-4	101	13-5	133
10-5	101	14-1	138
11-1	107	14-2	139
11-2	108	14-3	143
11-3	111	14-4	143
11-4	111	14-5	143
11-5	112	15-1	148
11-6	112	15-2	149
12-1	117	15-3	152

音轨 File	课文页码 Page	音轨 File	课文页码 Page
15-4	152	19-1	188
15-5	153	19-2	189
16-1	157	19-3	191
16-2	158	19-4	191
16-3	161	19-5	192
16-4	161	20-1	198
16-5	162	20-2	199
17-1	168	20-3	201
17-2	169	20-4	201
17-3	171	20-5	201
17-4	171	20-6	202
17-5	171	21-1	208
17-6	172	21-2	208
18-1	177	21-3	211
18-2	178	21-4	211
18-3	181	21-5	212
18-4	182	21-6	212
18-5	182		

第一课 Lesson 1

数学符号 MATHEMATICAL SYMBOLS

学习目标 Objectives

1. 学会常用数学符号的汉语表达方法。
2. 学会下面的常用格式：
   （1）A 读作 / 写作 / 称作 B
   （2）A、B、C 分别读作 / 写作 / 称作……
   （3）称为……

一 学习词语 Vocabulary

科技词语 Words and phrases of science and technology

1. 加（上）	jiā (shang)	动	plus	a 加上 b（$a+b$）
2. 减（去）	jiǎn (qu)	动	minus	5 减去 3（5−3）
3. 乘（以）	chéng (yǐ)	动	multiply	10 乘以 8（10×8）
4. 除（以）	chú (yǐ)	动	divide	4 除以 2（4÷2）
5. 小于	xiǎoyú	动	less than	
6. 大于	dàyú	动	greater than	
7. 等于	děngyú	动	equal to	8 除以 2 等于 4。（8÷2=4）
8. 约等于	yuē děngyú		approximately equal to	a 加上 b 约等于 c。（$a+b≈c$）
9. 正弦	zhèngxián	名	sine	
10. 余弦	yúxián	名	cosine	

通用词语　Common words and phrases

1.	数学	shùxué	名	mathematics	
2.	常用	chángyòng	形	in common use	
3.	符号	fúhào	名	symbol, mark	常用符号 / 这个符号不常用。
4.	名称	míngchēng	名	name	
5.	分别	fēnbié	副	respectively	"+、-、×、÷"，在汉语中这些符号分别读作"加、减、乘、除"。
6.	运算	yùnsuàn	动	operation, calculation	
7.	读作	dúzuò	动	be pronounced as	
8.	大部分	dà bùfen		most, majority of	大部分国家 / 大部分时间
9.	读法	dúfǎ	名	pronunciation	
10.	与	yǔ	介	with	本课学习与符号有关的词语。
11.	原来	yuánlái	形	original, former	现在的符号与原来的写法不一样。
12.	相同	xiāngtóng	形	same	这两种方法的计算结果相同。
13.	如	rú	动	for example, such as	数学中有很多常用符号，如加号（+）、减号（-）、乘号（×）、除号（÷）。
14.	等	děng	助	etc., and so on	
15.	保留	bǎoliú	动	retain, have	计算结果保留小数点后一位。
16.	称为	chēngwéi	动	call, term	在汉语中，我们把 sin、cos 称为正弦、余弦。

练习　Exercises

1 读出下列式子　Read the following formulas.

$3+2=5$ $4+6>8$ $78-46=32$ $97-38<60$

$7\times 8=56$ $16\div 4=4$ $a+b=b+a$ $b-c\approx a-c$

第一课　数学符号

2 两人一组，一人读，一人写出式子，看你或你的同伴写得对不对
Work in pairs. One reads the formula, and the other listens and writes it down. Check if you or your partner has written it correctly.

A
5加5等于10。
75乘以5等于375。
$a+b$大于c。

B
90减20等于70。
8除以2等于4。
$a \div b$小于50。

3 朗读并学习下列词语　Read aloud and learn the following words.

~法：加——加法　　　　　　　~于：等——等于
　　　减——减法　　　　　　　　　大——大于
　　　乘——乘法　　　　　　　　　小——小于
　　　除——除法　　　　　　　　　多——多于
　　　用——用法　　　　　　　　　少——少于
　　　读——读法　　　　　　　　　高——高于
　　　写——写法　　　　　　　　　低——低于
　　　算——算法　　　　　　　　　对——对于

4 根据汉字写拼音　Write pinyin according to the characters.

加号＿＿＿＿＿　　　等于＿＿＿＿＿　　　大于＿＿＿＿＿

大部分＿＿＿＿＿　　分别＿＿＿＿＿　　　运算＿＿＿＿＿

称为＿＿＿＿＿　　　读作＿＿＿＿＿

5 根据拼音写汉字　Write characters according to the pinyin.

cháng yòng fú hào ＿＿＿＿＿　　　míngchēng ＿＿＿＿＿

yǔ yuánlái xiāngtóng ＿＿＿＿＿　　bǎoliú ＿＿＿＿＿

6 在（　）中填入合适的词语　Fill in each blank with a suitable word.

> 原来　分别　符号　如　读作　运算

（1）+、-、×、÷，这些都是数学（　　　）。

（2）常用的数学符号有很多，（　　　）+、-、×、÷，等等。

（3）汉字"都"有两个发音，（　　　）读作dōu和dū。

（4）一个数加上零还是等于（　　　）那个数。

（5）你知道这个符号"≈"汉语（　　　）什么吗？

（6）请做下面的（　　　）题。

7 用本课学过的词语替换画线部分词语
Substitute the underlined words with words or phrases learned in this lesson.

（1）在很多大学里，数学<u>和</u>物理课程都是必修课。　（　　　）

（2）我们正在使用的计算机<u>大多数</u>是数字计算机。　（　　　）

（3）这件衣服洗过以后就不是<u>以前</u>的颜色了。　（　　　）

（4）有时在正数前面也加上"+"（正）号，<u>例如</u>：+3，+2。（　　　）

二　学习格式　Useful Expressions

1. A 读作/写作/称作 B

　① ">"这个符号读作大于。

　② $a \geq b$ 这个式子读作a大于等于b。

　③ a与b的和，我们可以写作"a+b"。

　④ "sin、cos"在汉语中称作"正弦、余弦"。

2. A、B、C 分别读作/写作/称作……
   ① 在运算中，它们分别读作"加上、减去、乘以、除以"。
   ② "大于、小于"在运算中，我们分别写作">、<"。
   ③ "+、-、×、÷"这四个符号分别称作加号、减号、乘号、除号。

3. 称为……
   ① 因为在我们几个当中他最大，我们常把他称为"老大"。
   ② 正整数、0、负整数统称为整数。
   ③ 他的数学在我们班是最好的，因此他也常被我们称为"数学家"。

三 学习课文 Text

数学中的常用符号有很多，"+、-、×、÷、<、>、=、≈"这些符号在汉语中的名称分别是"加号、减号、乘号、除号、小于号、大于号、等于号、约等于号"。

在运算时，"+、-、×、÷、<、>、=、≈"这些符号分别读作"加（上）、减（去）、乘（以）、除以、小于、大于、等于、约等于"。

大部分数学符号的读法与原来读法相同，并没有特别的汉语读法，如 α、β、γ 等。有一部分数学符号既保留了原来的读法，也有自己的汉语名称，如 sin、cos，汉语中也可以称为正弦、余弦。

现在常用的数学符号有 200 多个，初中数学书里就有 20 多个。认识数学符号对学习有很大的用处。

词语例释 Expressions used in sentences

1. 在……时
   ① 在运算时，"+、-、×、÷"这些符号分别读作"加（上）、减（去）、乘（以）、除以"。
   ② 水在 0℃ 时可以变成冰。

2. 与……相同

① 大部分数学符号的读法与原来读法相同。

② 我的学习计划与他的相同。

③他们的爱好与我的不同。

3. 既……也……

① 有一部分数学符号既保留了原来的读法，也有自己的汉语名称。

② "−"这个符号既是减号，也是负号。

练习　Exercises

1 根据课文内容判断下列句子的正误（对的画√，错的画×）
Decide if the sentences are true or false according to the text. (true: √, false: ×)

（1）+、−、×、÷这四个符号分别读作加号、减号、除号、乘号。（　）

（2）在运算时，"+"读作加号。（　）

（3）α、β、γ等符号的读法在汉语中与原来读法相同。（　）

（4）sin、cos等符号没有汉语名称。（　）

2 根据下列要求，写出你知道的数学符号
Write down the mathematical symbols you know according to the requirements.

（1）有汉语名称的符号：_____

（2）与原来读法相同的符号：_____

（3）既保留原来的读法，也有汉语名称的符号：_____

3 根据课文内容填空　Fill in the blanks according to the text.

（1）在学习中我们会遇到各种数学_____，比如"+、−、×、÷、<、>、=、≈"等，这些符号在汉语中的_____是加号、_____、乘号、_____、_____、大于号、等于号、_____。

（2）在运算时，我们把"+、−、×、÷、<、>、=、≈"这些符号分别_____"_____、减（去）、_____、除以、小于、_____、_____、约等于"。

（3）现在_____的数学符号有_____多个，初中数学书里就不下_____种。

4 根据课文内容，说说你所知道的数学符号在汉语中的读法
Talk about how to read the mathematical symbols you know in Chinese according to the text.

5 用括号里的词语回答问题
Answer the questions with the expressions given in the brackets.

（1）在数学中"+""−"是什么意思？
_____。（既……也……）

（2）jlind@sina.com 中的 @ 怎么读？
_____。（读作）

（3）水什么时候可以变成冰？
_____。（在……时）

（4）你知道"+、−、×、÷"这些符号的汉语名称吗？
_____。（分别称作……）

（5）什么时候"×"这个符号读作"乘以"？
_____。（在……时）

四 课外练习 Extra Exercises

1 读出下列算式　Read the following formulas.

$2 \times 3 = 6$　　　　　$66 + 25 = 91$　　　　　$9 \div 3 = 3$

$8 - 2 = 6$　　　　　$2x + y = 5$　　　　　$(31 + 3 \times 4) \div 5$

$64 \times 25 \times 8 + 20$　　　$(4121 + 2389) \div 7$　　　$671 \times 15 - 974$

2 写出下列算式　Write down the following formulas.

75 除以 5 等于 15。_____　　8 除以 2 等于 4。_____

90 减去 20 等于 70。_____　　5 加上 5 等于 10。_____

20 加上 22 再除以 6 等于 7。_____　　13 减去 8，结果是 5。_____

3 扩展阅读　Extensive reading.

正数和负数在生活中很有用处。例如，正数和负数可以表示方向，如果把向东走1000米记作"1000米"，那么向西走1000米就记作"–1000米"。如果向北走40米记作"40米"，那么"–40米"就表示向南走了40米。负数还可以表示支出，正数表示收入。如支出200元写作"–200元"，收入200元写作"+200元"。所以，数学中正数和负数的作用是很大的。	正　　zhèng　形　positive 负　　fù　　 形　negative 例如　lìrú　　 动　for example 记作　jìzuò　 动　be recorded as..., be written as... 支出　zhīchū　名/动　expenditure; expend 收入　shōurù　名/动　income; obtain 作用　zuòyòng　名　function

（1）根据短文内容填空　Fill in the blanks according to the passage.

　　_____和_____可以表示方向，如果把向东走 1000 米_____"1000 米"，那么向西走 1000 米就记作"_____"。

　　负数还可以表示_____，正数表示收入。如支出 200 元_____"–200 元"，收入 200 元写作"_____"。所以，数学中正数和负数的作用是很大的。

（2）回答问题　Answer the questions.

　　① 正数怎么表示？负数呢？

　　② 数学中正数和负数有什么作用？

　　③ 关于正数和负数的作用，短文中举了哪几个例子？

（3）为这段短文加一个合适的标题　Give a suitable title to this passage.

_____

4　用正负数记录你一个月的日常收支
Make a record of your monthly income and expense with positive and negative numbers.

5　查一查，下面的符号怎么读
Look up these symbols in a reference book and read them in Chinese.

$\perp$　　　$//$　　　$\cong$　　　$\therefore$　　　$\because$　　　∞　　　$\sqrt{}$

6　想一想，猜一猜　Think and guess.
在下面的等式中填上"＋、－、×、÷"或括号，使等式成立。
Following the example, add "＋", "－", "×", "÷" and/or brackets so that the equation is correct.

例：$1\ \ 2\ \ 3=1\ \rightarrow\ (1+2)\div 3=1$

（1）$1\ \ 2\ \ 3\ \ 4=1$

（2）$1\ \ 2\ \ 3\ \ 4\ \ 5=1$

（3）$1\ \ 2\ \ 3\ \ 4\ \ 5\ \ 6=1$

（4）$1\ \ 2\ \ 3\ \ 4\ \ 5\ \ 6\ \ 7=1$

7　手写体汉字认读　Recognize and read the following handwritten Chinese characters.

加　　减　　乘　　除　　数学　　符号　　运算

等于　小于　大于　不等于　大于等于　小于等于

加号 Plus Sign

加号曾经有好几种，现在通用"+"号。

"+"号是由拉丁文"et"（"和"的意思）演变而来的。

十六世纪，意大利科学家塔塔里亚用意大利文"plu"（"加"的意思）的第一个字母表示加，草写为"μ"，最后变成了"+"号。

"−"号是从拉丁文"minus"（"减"的意思）演变来的，简写为"m"，再省略掉字母，就成了"−"了。

也有人说，中世纪时，卖酒的商人用"−"表示酒桶里的存酒。以后，当有新酒增加时，便用"|"把原来的横线划掉。于是就出现了表示增加的"+"号。

到了十五世纪，德国数学家魏德美正式确定："+"用作加号，"−"用作减号。

第二课 常用表达式
Lesson 2 Common Expressions and Formulas

学习目标 Objectives

1. 学会基本称说方法,能读出基本表达式。
2. 学会下面的常用格式:
   （1）用……表示
   （2）简称……
   （3）如果……那么……

一 学习词语 Vocabulary

科技词语 Words and phrases of science and technology

1.	单位制	dānwèizhì	名	system of units	
2.	力	lì	名	force	
3.	牛顿	niúdùn	量	Newton	
4.	平方	píngfāng	名	square	
5.	压强	yāqiáng	名	pressure	
6.	未知	wèi zhī		unknown	未知数
7.	等式	děngshì	名	equality	
8.	方程	fāngchéng	名	equation	
9.	元	yuán	名	variable	
10.	次	cì	量	time	一元一次方程
11.	解	jiě	名	solution	
12.	无穷	wúqióng	动	infinite, endless	无穷大

通用词语　Common words and phrases

1. 国际　　guójì　　　名　　international
2. 单位　　dānwèi　　名　　unit　　　　　　　物理单位 / 国际单位制
3. 面积　　miànjī　　 名　　area
4. 表示　　biǎoshì　　动　　express, show
5. 含有　　hányǒu　　动　　contain　　　　　含有很多数字 / 含有有害物质
6. 形式　　xíngshì　　名　　form　　　　　　多种形式 / 形式多样
7. 无　　　wú　　　　动　　not have, there be no

练习　Exercises

1 根据汉字写拼音　Write *pinyin* according to the characters.

力_____　　牛顿_____　　无穷_____

等式_____　　含有_____　　形式_____

2 根据拼音写汉字　Write characters according to the *pinyin*.

guójì dānwèizhì _____　　　miànjī _____

fāngchéng de jiě _____　　　wèi zhī _____

yāqiáng _____　　　　　　　píngfāng _____

3 连线，从 B 组中找出与 A 组词语有关系的内容
Draw lines to match the items in Column A with those in Column B.

A	B
面积	N
方程	Pa
未知数	m^2
等式	$x+y=4$
牛顿	x
压强	$a+b=b+c$

4 在（ ）中填入合适的词语　Fill in each blank with a suitable word.

> 表示　　单位　　无穷　　含有　　面积　　形式　　国际

（1）力的（　　　）是牛顿。

（2）我们通常用 m 来（　　　）物体的质量。

（3）这套房子的（　　　）是 $60m^2$。

（4）一元一次方程的（　　　）是：$ax+b=0$。

（5）这个方程（　　　）两个未知数。

（6）在（　　　）单位制中，千克（kg）是质量的基本单位。

（7）这本书里的数字有（　　　）多个。

二　学习格式　Useful Expressions

1. 用……表示

① 压强的单位是牛顿/米^2（用 N/m^2 表示）。

② 质量通常用字母 m 表示。

③ 同一物体的长度可以用不同的单位来表示。

2. 简称……

　　① 压强的单位是牛顿/米^2，简称帕（Pa）。

　　② 天津大学简称"天大"。

　　③ 大气压强通常简称为大气压或者气压。

3. 如果……那么……

　　① 如果5平方米的面积上受到的力是20牛顿，那么，压强就是4牛顿每平方米。

　　② 如果你有多门考试都不及格，那么你就不能毕业。

　　③ 如果没有水，那么我们的生活会是怎样的？

练习　Exercises

1 用括号里的词语回答问题

Answer the questions with the expressions given in the brackets.

（1）"奥林匹克运动会"有没有简单的说法？

　　_____。（简称）

（2）力的单位是牛顿，我们怎么表示呢？

　　_____。（用……表示）

（3）一个数的平方等于9，这个数是什么？

　　_____。（如果……那么……）

2 用下面的词语组成句子　Make sentences with the given words and expressions.

例：的　牛顿/米^2　是　压强　单位

　→ 压强的单位是牛顿/米^2。

（1）通常　力　字母　表示　F　用

　→ _____

（2）压强　帕　可以　的　单位　简称

　→ _____

（3）方程　如果　$x=0$　那么　$ax=0$（$a\neq 0$）

→ _____

三　学习课文　Texts

（一）

在国际单位制中，力的单位是牛顿（N），面积的单位是平方米（m^2），压强的单位是牛顿/米^2（用N/m^2表示，读作牛顿每平方米），简称帕（Pa）。如果5平方米的面积上受到的力是20牛顿，那么，压强就是4牛顿每平方米。

（二）

含有未知数的等式叫做方程。一元一次方程的形式是：$ax+b=0$，它的解是$x=-b/a$。当a等于0，b不等于0时，方程无解；当a等于0，b等于0时，方程有无穷多个解。

词语例释　Expressions used in sentences

1. 含有
   ① 含有未知数的等式叫做方程。
   ② 水果里含有很多人体必需的物质。
   ③ 这两种东西含有很多相同的物质。

2. 无穷
   ① 这个方程有无穷多个解。
   ② 我们的生活有无穷乐趣。
   ③ 在这本书里有无穷多个数字。

练习 Exercises

1 根据课文内容判断下列句子的正误（对的画√，错的画×）
Decide if the sentences are true or false according to the texts. (true: √, false: ×)

（1）在国际单位制中力的单位是平方米。　　　　　　　　　　（　　）

（2）压强的单位可以用 N/m² 表示。　　　　　　　　　　　　（　　）

（3）力的单位是牛顿，可以简称帕。　　　　　　　　　　　　（　　）

（4）等式就是我们说的方程。　　　　　　　　　　　　　　　（　　）

（5）当 a 等于 0，b 不等于 0 时，方程 $ax+b=0$ 有无穷多个解。（　　）

2 根据课文内容填空　Fill in the blanks according to the texts.

（1）在国际单位制中，力、面积和压强的单位分别是_____、_____和_____。

（2）如果 20 平方米的面积上受到的力是 100 牛顿，_____，压强就是_____牛顿每平方米。

（3）含有_____的等式叫方程。一_____一次方程的形式是：$ax+b=0$。

（4）当 a 等于 0，b 等于 0 时，方程 $ax+b=0$ 有_____多个_____。

3 写出下列符号的汉语读法　Write down the following symbols in Chinese.

m²_____　　　Pa_____　　　N/m²_____

N_____　　　$4x+b=0$_____

4 用括号里的词语回答问题
Answer the questions with the words and expressions given in the brackets.

（1）你能介绍一下本课学习的国际单位制吗？
_____。（单位、用……表示、简称）

（2）方程 $a+bx=0$，在什么情况下无解？在什么情况下有无穷多个解？
_____。（当……时、等于、解）

四 课外练习　Extra Exercises

1 与你的同伴完成下面的对话，并讨论答案是否正确
Complete the dialogues with your partner and discuss if the answers are correct.

（1）A：什么是国际单位制？

　　B：国际单位制是＿＿＿＿＿＿＿＿＿＿＿＿＿＿＿＿＿＿＿＿＿＿＿＿。

（2）A：你知道的国际单位还有哪些？

　　B：有＿＿＿＿＿＿＿＿＿＿＿＿＿＿＿＿＿＿＿＿＿＿＿＿＿＿＿＿＿。

（3）A：什么是方程？

　　B：＿＿＿＿＿＿＿＿＿＿＿＿＿＿＿＿＿＿＿＿＿＿＿＿＿＿＿＿＿＿。

（4）A：我们教室的面积大概是多少？

　　B：＿＿＿＿＿＿＿＿＿＿＿＿＿＿＿＿＿＿＿＿＿＿＿＿＿＿＿＿＿＿。

2 想一想，读一读　Think and read.

$1000\,m^2$　　$130\,N/m^2$　　$2x+9=8$　　$mx^2-n=0$　　$ax+c=10$ 的解是 $x=(10-c)/a$。

3 组词　Make words.

（1）~式：等式　　方程式　　形式

　　　＿＿＿式　＿＿＿式　＿＿＿式　＿＿＿式

（2）面~：面积　　面向　　面对

　　　面＿＿＿　面＿＿＿　面＿＿＿　面＿＿＿

（3）无~：无数　　无穷　　无法

　　　无＿＿＿　无＿＿＿　无＿＿＿　无＿＿＿

4 把左边的词语与右边的解释连接起来
Match the words in the left column with their explanations in the right.

无穷	不知道。
方程	包括、包含。
未知	使名称更简单。
含有	计算事物多少的标准量。
简称	含有未知数的等式。
单位	很多，无法计算。
形式	事物的形状、结构。

5 扩展阅读　Extensive reading.

　　对于体积相同的铁块和铝块，有经验的人只需用手感觉一下，就可以分出哪块是铁，哪块是铝。这是由于体积相同的铁块和铝块，它们的质量是不相等的。某种物质单位体积的质量，叫做这种物质的密度。密度的单位可用千克每立方米（kg/m^3）或克每立方厘米（g/cm^3）表示；气体的密度常用克每升（g/l）或克每毫升（g/ml）表示。

体积	tǐjī	名	volume, size
铁块	tiě kuài		piece of iron
铝块	lǚ kuài		piece of aluminium
质量	zhìliàng	名	mass
密度	mìdù	名	density
千克	qiānkè	量	kilogram
立方米	lìfāngmǐ	量	cubic meter
克	kè	量	gram
气体	qìtǐ	名	gas
升	shēng	量	liter
毫升	háoshēng	量	milliliter

（1）根据短文内容填空　Fill in the blanks according to the passage.

如果说一个铁块和一个铝块的_____相同，有_____的人用手感觉一下就能_____哪一个是铁块，哪一个是铝块。这是为什么呢？因为_____相同的铁块和铝块，它们的_____是不同的。

某种物质_____的质量，叫做这种物质的密度，它的单位可以用千克每立方米或者_____来_____。

（2）回答问题　Answer the questions.

① 可以怎么区分相同体积的铁块和铝块？

② 什么叫密度？密度怎么表示？

6 想一想，猜一猜　Think and guess.

李白街上走，提壶去买酒，遇店加一倍，见花喝一斗。三遇店和花，喝光壶中酒。试问酒壶中，原有多少酒？你能用方程求出酒壶中原有酒多少斗吗？

7 说说下面的符号在国际单位制中表示什么
Tell what the following symbols stand for in the international system of units.

kg　　m　　m³　　W（J/s）　　Pa　　A

8 手写体汉字认读　Recognize and read the following handwritten Chinese characters.

国际　　压强　　面积　　平方　　单位制　　未知数

含有　　形式　　方程　　无穷　　表示　　解

 牛顿 Newton

艾萨克·牛顿（Isaac Newton）是英国也是全世界伟大的数学家、物理学家、天文学家和自然哲学家，他的研究领域包括物理学、数学、天文学、神学、自然哲学和炼金术等。在众多研究领域中，牛顿的主要贡献是发明了微积分，发现了万有引力定律和经典力学，设计并实际制造了第一架反射式望远镜等。力学中衡量力的大小的物理单位"牛顿"就是以他的名字命名的。

第三课
Lesson 3

简单数理关系
Simple Mathematical Relations

学习目标 Objectives

1. 掌握简单数理关系。
2. 学会下面的常用格式：
   （1）比……大/小/重
   （2）是……的 x 倍/x 分之 y

一 学习词语 Vocabulary

科技词语 Words and phrases of science and technology

1. 地球	dìqiú	名	the earth	
2. 月球	yuèqiú	名	the moon	
3. 半径	bànjìng	名	radius	地球的半径是多少？
4. 表面	biǎomiàn	名	surface	地球表面/物体表面/这个桌子的表面很光滑。

通用词语 Common words and phrases

1. 之	zhī	助	used to connect a modifier and the noun modified	三分之一/五分之二
2. 倍	bèi	量	time, fold	4是2的两倍。
3. 互为	hù wéi		be each other's...	1和-1互为相反数。
4. 太阳	tàiyáng	名	the sun	
5. 海洋	hǎiyáng	名	seas and oceans	

6. 陆地	lùdì	名	land		
7. 下落	xiàluò	动	drop, fall		
8. 假定	jiǎdìng	动	suppose, assume	假定A大于B	
9. 捆	kǔn	动	tie, bind	捆行李 / 把他捆起来。	
10. 系统	xìtǒng	名	system		
11. 总	zǒng	形	total, overall	你们班的总人数是多少？	
12. 前提	qiántí	名	precondition, premise		
13. 矛盾	máodùn	形	contradictory	他说的话前后矛盾。	
14. 结论	jiélùn	名	conclusion	得出结论 / 最后的结论	
15. 理论	lǐlùn	名	theory	力学理论 / 数学理论	

练习　Exercises

1 根据汉字写拼音　Write *pinyin* according to the characters.

半径_____　　理论_____　　太阳_____

地球_____　　海洋_____　　前提_____

矛盾_____　　系统_____　　结论_____

2 根据拼音写汉字　Write characters according to the *pinyin*.

yuèqiú _____　　　　hù wéi _____

miànjī _____　　　　lùdì biǎomiàn _____

xiàluò _____　　　　jiǎdìng _____

3 在（　）中填入合适的词语　Fill in each blank with a suitable word.

| 互为　体积　结论　矛盾　表面　捆　倍　总 |

（1）大家都不相信他说的话，因为他的话前后（　　　　）。

（2）这个学校学生的（　　　　）人数是14000人。

（3）b和–b（　　　　）相反数。

（4）经过努力，他们得出了一个科学的（　　　　）。

（5）地球（　　　　）有70%以上的面积是水，而不是陆地。

（6）我100公斤重，她只有50公斤，我的体重是她的两（　　　　）。

（7）乘坐飞机时，我们不能带（　　　　）特别大的东西。

（8）她把两个书包（　　　　）在一起了。

4 用括号里的词语完成句子
Complete the sentences with the words given in the brackets.

（1）这个杯子装的水很多，_____。（体积）

（2）你的结论可能不正确，因为_____。（前提）

（3）在解题的时候，有时我们_____。（假设）

（4）第一件物品重50公斤，第二件物品重75公斤，这两件_____
_____。（总）

（5）解答问题时一定要注意问题的前提和结论，不能_____
_____。（矛盾）

二 学习格式 Useful Expressions

1. 比……大/小/重

   ① 他的年龄比我大10岁。

   ② 陆地的面积比海洋小很多。

   ③ 小时候我以为一斤水比一斤空气重。

2. 是……的 x 倍/x 分之 y

   ① 地球体积大概是月球体积的49倍。

   ② 去年的留学生人数是今年的三分之一。

   ③ 海洋面积是陆地面积的两倍还要多。

练习 Exercises

1 用括号里的词语回答问题

Answer the questions with the expressions given in the brackets.

（1）你跟你姐姐谁高？

_____。（比……高）

（2）相同体积的水和空气哪一个重？

_____。（比……重）

（3）地球的半径和月球的半径哪个大？

_____。（是……x倍）

（4）海洋面积是地球面积的多少？

_____。（是……x分之y）

2 用下面的词语组成句子 Make sentences with the given words.

（1）这个　面积　比　的　那个　大　很多　房间

→ _____

（2）月球　大概　之一　地球　是　体积　的　四十九　分　体积

→ _____

（3）太阳　的　地球　很多　体积　要　大　比

→ _____

三　学习课文　Texts

（一）

x 大于 y，即 x 比 y 大。x 不小于 y，即 x 大于等于 y。x 是 y 的三倍，即 y 是 x 的三分之一。a 与 b 的乘积是 c 的平方的两倍。5的绝对值是5，-5的绝对值也是5，5和-5互为相反数。

（二）

地球的大小介于太阳和月球之间，太阳比地球大，月亮比地球小。太阳的半径是地球的109倍，体积是地球的130万倍。月球的半径是地球的四分之一，体积只有地球的49分之一。地球表面70%的面积是海洋，30%的面积是陆地。

（三）

亚里士多德*认为，一块大石头的下落速度要比一块小石头的下落速度大。假定大石头的下落速度是8，小石头的下落速度为4，当我们把两块石头捆在一起时，大石头会被小石头拉着而减慢，结果整个系统的下落速度应该小于8；但两块石头捆在一起，总的重量比大石头还要重，因此整个系统下落的速度要比8还大。这样，就从"重物比轻物下降得快"的前提得出了互相矛盾的结论，因此亚里士多德的理论就遇到了麻烦。

---

*亚里士多德（Yàlǐshìduōdé，公元前384—前322），古希腊杰出的哲学家、科学家。
Aristotle (384 B.C.–322 B.C.) is an eminent philosopher and scientist in ancient Greece.

词语例释　Expressions used in sentences

1. 和……互为……

　①b 和 $-b$ 互为相反数。

　② 中国和许多国家是互为合作关系的。

　③ 在这里 A 和 B 互为因果。

2. 介于……之间

　① 地球的大小介于月球和太阳之间。

　② 我们班的同学大部分都介于 18 至 25 岁之间。

　③ 同学们的这次考试成绩介于 70 到 98 分之间。

练习　Exercises

1 根据课文内容判断下列句子的正误（对的画 √，错的画 ×）

Decide if the sentences are true or false according to the texts. (true: √, false: ×)

（1）x 不小于 y，也就是说 x 大于 y。　　　　　　　　　　（　　）

（2）y 是 x 的三分之一，那么 x 是 y 的三倍。　　　　　　（　　）

（3）5 和 −5 的绝对值都是 5。　　　　　　　　　　　　　　　（　　）

（4）地球、太阳、月球从大到小的排列顺序是：太阳、月球、地球。（　　）

（5）月球的半径是地球的 4 倍。　　　　　　　　　　　　　　　（　　）

（6）按照亚里士多德的说法，大石头应该比小石头下落速度慢。　（　　）

（7）亚里士多德的理论是正确的。　　　　　　　　　　　　　　（　　）

2 根据课文内容填空　Fill in the blanks according to the texts.

（1）如果 x 是 y 的三倍，那么 y 是 x 的_____。

（2）5 和 −5 互为_____，5 和 −5 的_____都是 5。

（3）地球的大小_____太阳和月球_____，太阳比地球_____，月亮比地球_____。

（4）太阳和地球相比，太阳的_____是地球的 109 倍，_____是地球的 130 万倍。

（5）地球表面 70% 的面积是_____，30% 的面积是_____。

3 写出下列关系式的汉语读法　Write down the following formulas in Chinese.

$a>b$ _____　　　$x\leqslant y$ _____　　　$a\times b=2c$ _____

$|-5|=5$ _____　　　$a+b=5c^2$ _____

4 读一读，想一想　Read and think.
（1）太阳的半径是 696300 km，体积是 1414092397550889910 km³。
（2）地球的半径是 6378 km，体积是 1086781274004 km³。
（3）月球的半径是 1738 km，体积是 21990642496 km³。

5 用括号里的词语回答问题
Answer the questions with the words and expressions given in the brackets.

（1）3 和 −3 是什么关系？它们的绝对值分别是多少？

_____。

（互为、相反数、绝对值）

（2）根据课文内容说说太阳、地球和月球之间的大小关系。

_____。

（介于……之间、比……大、比……小）

（3）你认为亚里士多德的理论正确吗？

_____。

（速度、大小、下落、放在一起、矛盾、结论、麻烦）

6 用一句话概括课文三的主要意思
Summarize the main idea of Text 3 in one sentence.

四 课外练习　Extra Exercises

1 与你的同伴完成下面的对话，并讨论答案是否正确
Complete the dialogues with your partner and discuss if the answers are correct.

（1）A：-9 和 9 是什么关系？

　　B：_____。

（2）A：地球与太阳的半径哪个大？

　　B：_____。

（3）A：m^3是面积的单位还是体积的单位？

　　B：_____。

（4）A：今天学习的生词你记住了几分之几？

　　B：_____。

（5）A：课文三的内容讲的是哪方面的知识？

　　B：_____。

2 想一想，读一读　Think and read.

（1）地球的体积比太阳要小很多。

（2）这座山的高度是那座山的 20 倍。

（3）n 和 $-n$ 互为相反数。

（4）中国的领土（lǐngtǔ, territory）面积介于美国和加拿大之间。

3 组词　Make words.

（1）~论：结论　理论　评论

　　　____论　____论　____论　____论

（2）~球：地球　月球　篮球

　　　____球　____球　____球　____球

4 把左边的词语与右边的解释连接起来
Match the words in the left column with their explanations in the right.

陆地	从前提得出的最后的判断。
总	如果。
矛盾	从高到低，从多到少。
结论	全部的。
下降	事物发生或发展的条件。
假定	地球表面除去海洋以外的部分。
前提	两种说法或者情况是相反的。

5 扩展阅读 Extensive reading.

一个三角形的各边边长扩大为原来的5倍，这个三角形的周长也扩大为原来的5倍；一个四边形的各边边长扩大为原来的9倍，这个四边形的面积也扩大为原来的9倍。以上两种说法都正确吗？如果这种推理有问题，那么原因在哪里呢？请你说出理由。

扩大	kuòdà	动	broaden, enlarge
周长	zhōucháng	名	circumference
推理	tuīlǐ	名	inference
理由	lǐyóu	名	reason

（1）根据短文内容填空　Fill in the blanks according to the passage.

如果一个三角形的各边边长_____为_____的5倍，这个三角形的_____也_____为_____的5倍。但是，一个四边形的各边边长_____为_____的9倍，这个四边形的面积也_____为_____的9倍吗？

（2）回答问题　Answer the questions.
　　①如果一个正方形的各边边长都扩大为原来的 7 倍，那么这个正方形的周长会发生什么变化？

　　②如果一个正方形的各边边长都扩大为原来的 3 倍，那么这个正方形的面积会发生什么变化？

6　想一想，猜一猜　Think and guess.
　　一位在太空中遨游（áoyóu, roam）的宇航员骄傲地对爸爸说："爸爸，我已经绕地球转了 20 圈了。"已经 60 岁的爸爸笑着回答："我比你更了不起，我已经绕比地球更大的太阳转了 60 圈了，还准备绕二三十圈呢！"你知道他爸爸的意思吗？

7　手写体汉字认读　Recognize and read the following handwritten Chinese characters.

互为　体积　半径　月球　地球　陆地　海洋　表面
太阳　假定　下落　结论　前提　系统　矛盾　理论

Wǒmen Zài Fēixíng
我们在飞行 We Are Flying

Dìqiú shì tàiyáng de xíngxīng, érqiě shì cóng lǐ wǎng wài shǔ de dì sān kē xíngxīng,
地球是太阳的行星，而且是从里往外数的第三颗行星，
dàyuē jù tàiyáng yíyì wǔqiānwàn gōnglǐ. Dìqiú měi tiān dōu zài wéizhe tàiyáng zhuàn, měi
大约距太阳 150000000 公里。地球每天都在围着太阳转，每
sānbǎi liùshíwǔ diǎn èr wǔ liù tiān rào tàiyáng yùnxíng yì quān, měi èrshísān diǎn jiǔ sān sì wǔ
365.256 天绕太阳运行一圈，每 23.9345
xiǎoshí zìzhuàn yì quān. Dìqiú de zhíjìng wéi yíwàn èrqiān qībǎi wǔshíliù gōnglǐ, zhǐ bǐ jīn-
小时自转一圈。地球的直径为 12756 公里，只比金
xīng dàle yìbǎi duō gōnglǐ.
星大了一百多公里。

Hěn duō rén mèngxiǎng néng zài tàikōng zhōng lǚxíng, néng xīnshǎng yǔzhòu de qíguān.
很多人梦想能在太空中旅行，能欣赏宇宙的奇观。
Ér shìshí shang, cóng mǒuzhǒng yìyì shang shuō, wǒmen dōu shì tàikōng de lǚxíngzhě.
而事实上，从某种意义上说，我们都是太空的旅行者。
Wǒmen měi tiān dōu zài dìqiú shang fēixíng, fēixíng sùdù shì měi xiǎoshí shíwàn líng bāqiān
我们每天都在地球上飞行，飞行速度是每小时 108000
gōnglǐ.
公里。

第四课 Lesson 4

常用数学图形及图形间的关系
Common Mathematical Graphics and Their Relations

学习目标 Objectives

1. 掌握常用数学图形的称说法，以及图形间关系的称说法。
2. 学会下面的常用格式：
   （1）这时我们说……
   （2）A 和 B 相交 / 相切 / 相离

一 学习词语 Vocabulary

科技词语 Words and phrases of science and technology

1.	射线	shèxiàn	名	radial line	
2.	端点	duāndiǎn	名	end point	一条线段有两个端点。
3.	旋转	xuánzhuǎn	动	revolve	地球在不停地旋转。
4.	曲线	qūxiàn	名	curve	
5.	圆	yuán	名	circle	
6.	公共点	gōnggòngdiǎn	名	common point	没有公共点的两条直线
7.	相交	xiāngjiāo	动	intersect	两条相交的直线
8.	相切	xiāngqiē	动	be tangent to	
9.	相离	xiānglí	动	disjoint	这两个圆的关系是相离的。
10.	等腰	děng yāo		isosceles	
11.	三角形	sānjiǎoxíng	名	triangle	
12.	边	biān	名	side	
13.	等边	děng biān		equilateral	
14.	内角	nèijiǎo	名	internal angle	

第四课　常用数学图形及图形间的关系

通用词语　Common words and phrases

1. 绕　rào　动　move or go round　地球绕着太阳转。
2. 周　zhōu　名　cycle　我每天在操场走两周。
3. 封闭　fēngbì　动　close, seal　这个房间是封闭的。
4. 特殊　tèshū　形　special　这种方法很特殊。
5. 度　dù　名　degree as a unit of measure　90度的角称为直角。

练习　Exercises

1 根据汉字写拼音　Write *pinyin* according to the characters.

特殊_____　　相离_____　　相切_____

等腰_____　　内角_____　　曲线_____

2 根据拼音写汉字　Write characters according to the *pinyin*.

duāndiǎn _____　　　　fēngbì _____

shèxiàn _____　　　　sānjiǎoxíng _____

gōnggòngdiǎn _____

3 在（　）中填入合适的词语　Fill in each blank with a suitable word.

> 封闭　　特殊　　旋转　　端点　　曲线　　周　　绕

（1）我每天晚上都要（　　　　）着操场跑几圈儿。

（2）月亮每天都围着地球（　　　　）。

（3）这种事情在我们这里一般不会出现，这是很（　　　　）的情况。

（4）射线的起点或终点叫做（　　　　）。

（5）圆是一条（　　　　）的（　　　　）。

（6）地球每365.256天绕太阳运行一（　　　　）。

二 学习格式　Useful Expressions

1. 这时我们说……

   ① 直线和圆有两个公共点，这时我们说这条直线和圆相交。

   ② 如果 x 不小于 y，这时我们说 $x \geq y$。

   ③ 直线和圆没有公共点，这时我们说这条直线和圆相离。

2. A 和 B 相交 / 相切 / 相离

   ① 直线和圆有两个公共点，这时我们说这条直线和圆相交。

   ② 如果直线和圆有一个公共点，那么这条直线和圆相切。

   ③ 如果直线和圆没有公共点，那么这条直线和圆相离。

练习　Exercises

用括号里的词语回答问题

Answer the questions with the words and expressions given in the brackets.

1. 直线和圆没有公共点，那么它们的关系是什么？

   _____。（这时我们说、相离）

2. 直线和圆有一个公共点，那么它们的关系是什么？

   _____。（这时我们说、相切）

3. 直线和圆有两个公共点，那么它们的关系是什么？

   _____。（这时我们说、相交）

三 学习课文　Texts

（一）

当一条射线绕着它的端点旋转一周的时候，射线上的一点就画出一条封闭的曲线，我们称这条曲线为圆。

（二）

直线和圆有两个公共点，这时我们说这条直线和圆相交。直线和圆只有一个公共点，这时我们说这条直线和圆相切。直线和圆没有公共点，这时我们说这条直线和圆相离。

（三）

在等腰三角形中，有一种特殊的等腰三角形——三条边都相等的三角形，我们把这样的三角形叫做等边三角形。等边三角形的三个内角都相等，并且每一个角都等于60度，三个角都相等的三角形是等边三角形。

词语例释　Expressions used in sentences

1. 称……为……
   ① 我们称这条曲线为圆。
   ② 有些量的数值是始终不变的，我们称它们为常量（constant）。
   ③ 在我们班他唱歌是最好的，我们都称他为"歌星"。

2. 并且
   ① 等边三角形的三个内角都相等，并且每一个角都等于60度。
   ② 经过两点有一条直线，并且只有一条直线。
   ③ 只含有一个未知数（一元），并且未知数的最高次数是2（二次）的方程，叫做一元二次方程。

练习　Exercises

1 根据课文内容判断下列句子的正误（对的画√，错的画×）
Decide if the sentences are true or false according to the texts. (true: √, false: ×)

（1）圆是由一条不封闭的直线构成的。　　　　　　　　　　　（　）
（2）直线和圆有两个公共点，这时我们说这条直线和圆相切。（　）
（3）直线和圆只有一个公共点，这时我们说这条直线和圆相交。（　）

（4）直线和圆没有公共点，这时我们说这条直线和圆相离。（　　）

（5）三条边都相等的三角形是等边三角形。（　　）

2　根据课文内容填空　Fill in the blanks according to the texts.

（1）圆是一条_____的曲线，当一条射线_____着它的端点_____一周的时候，射线上的一点就画出一条_____的曲线，这就是圆。

（2）直线和圆有三种关系，分别是_____、_____、_____。

（3）等边三角形的三个_____都相等，并且每一个角都等于_____度，三个角都相等的三角形是等边三角形。

3　说出下面图形中圆与直线之间的关系
Please tell the relation between the circle and the straight line in each case.

（1）　　　　　　　　　（2）　　　　　　　　　（3）

4　用括号里的词语回答问题
Answer the questions with the words and expressions given in the brackets.

（1）什么是圆？

_____。（当……时候、封闭、曲线）

（2）圆与直线的关系有几种？

_____。（相离、相切、相交）

（3）什么是等边三角形？

_____。（相等、并且、60度）

四 课外练习 Extra Exercises

1 与你的同伴完成下面的对话，并讨论答案是否正确
Complete the dialogues with your partner and discuss if the answers are correct.

（1）A：你能画出一条封闭的曲线吗？请画出来。

　　　B：_____。

（2）A：什么是等腰三角形？

　　　B：_____。

（3）A：等腰三角形与等边三角形有什么联系和区别？

　　　B：_____。

（4）A：什么是内角？有"外角"这种说法吗？

　　　B：_____。

（5）A：三角形的三个内角加起来是多少度？

　　　B：_____。

2 想一想，读一读 Think and read.

（1）圆与直线之间的关系有相切、相离、相交。
（2）一个圆和另一个圆之间也有相切、相交的关系。
（3）两条直线相交，有一个公共点。
（4）如果 x 不小于 y，这时我们说 $x \geq y$。

3 组词 Make words.

（1）相~：相切　相离　相交

　　　相_____　相_____　相_____　相_____

（2）等~：等腰　等边　等式

　　　等_____　等_____　等_____　等_____

4 扩展阅读 Extensive reading.

正方形有相等的角、相等的边、相等且互相垂直平分的对角线，它还是中心对称图形，对称轴比其他四边形都多。因为这个原因，正方形在生活中得到了广泛的应用。 例如，人们用边长为单位长度的正方形的面积，作为度量其他图形面积的基本单位，人们也常利用正方形美化生活的环境。比如，用正方形地砖镶嵌地面，不仅美观大方，而且施工方便。	垂直　chuízhí　动　be perpendicular, be vertical 平分　píngfēn　动　divide equally 对称　duìchèn　形　symmetrical 对称轴　duìchènzhóu　名　axis of symmetry 广泛　guǎngfàn　形　broad, extensive 应用　yìngyòng　动　use, apply 度量　dùliàng　动　measure 美化　měihuà　动　beautify

（1）根据短文内容填空　Fill in the blanks according to the passage.

正方形的各个角和各条边都＿＿＿＿＿＿，对角线＿＿＿＿＿＿且互相＿＿＿＿＿＿平分，它还是＿＿＿＿＿＿图形，对称轴比其他四边形都多。因为这个原因，正方形在生活中得到了广泛的＿＿＿＿＿＿。

人们用边长为单位长度的正方形的＿＿＿＿＿＿，作为＿＿＿＿＿＿其他图形面积的基本单位，人们也常利用正方形＿＿＿＿＿＿生活的环境。比如，用正方形地砖镶嵌地面，不仅＿＿＿＿＿＿大方，而且施工＿＿＿＿＿＿。

（2）回答问题　Answer the questions.

① 正方形有什么特点？

② 人们是怎么在生活中应用正方形的？

5 查一查，写出下列图形的名称
Look up the Chinese names of these shapes and write them down.

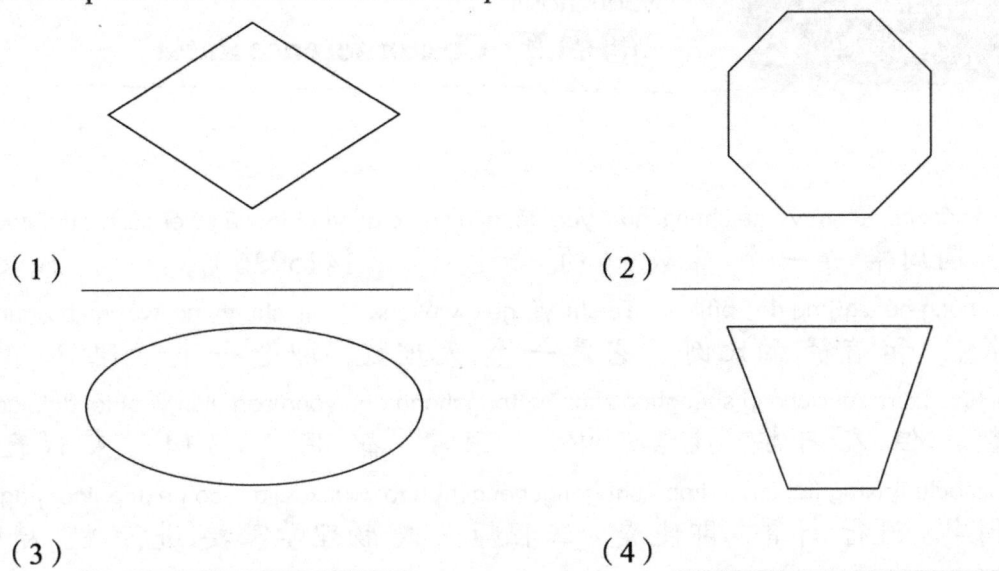

（1）_____   （2）_____

（3）_____   （4）_____

6 想一想，猜一猜 Think and guess.

小李和小王在一起做作业，他们因为三角形的角的大小争论了起来。小李觉得下面这些三角形中有的三角形的角大，有的三角形的角小，小王觉得这些三角形的角都一样大。你能帮他们将下图中三角形的角按角度从大到小的顺序排列起来吗？

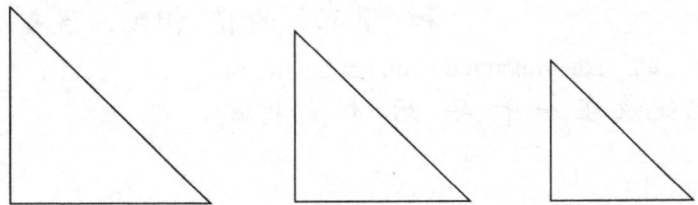

7 手写体汉字认读 Recognize and read the following handwritten Chinese characters.

射线　端点　　旋转　　封闭　　曲线　直线　相交

等腰　三角形　内角　公共点　相离　特殊

圆周率 Circumference Ratio

　　圆周率是一个常数（约等于3.1415926），代表圆周长和直径的比例。它是一个无理数，即是一个无限不循环小数。但在日常生活中，通常都用3.14来代表圆周率进行计算，即使是工程师或物理学家要进行较精密的计算，也只取值至小数点后约20位。

　　在中国，公元5世纪，祖冲之和他的儿子以圆内接正24576边形，求出圆周率约为355/113，和真正的值相比，误差只小于八亿分之一。这个纪录在一千年后才被打破。

第五课 定义与说明
Lesson 5 Definition and Illustration

> 学习目标 Objectives
>
> 1. 学会常用的下定义和对事物说明的方法。
> 2. 学会下面的常用格式：
>   （1）统称为……
>   （2）所谓……，就是……

一 学习词语 Vocabulary

科技词语 Words and phrases of science and technology

1.	整数	zhěngshù	名	integer	1、2、3都是整数。
2.	分数	fēnshù	名	fraction	
3.	有理数	yǒulǐshù	名	rational number	整数和分数都是有理数。
4.	物质	wùzhì	名	matter, substance	
5.	形态	xíngtài	名	form, state	物质有三种形态。
6.	生成	shēngchéng	动	produce, form	植物生成石油需要很长时间。
7.	物理	wùlǐ	名	physics	
8.	沸腾	fèiténg	动	boil, bubble	
9.	汽油	qìyóu	名	gasoline	
10.	挥发	huīfā	动	volatilize	汽油在空气中会很快挥发。
11.	木材	mùcái	名	timber	
12.	燃烧	ránshāo	动	burn	
13.	生锈	shēngxiù	动	get rusty	时间长了铁会生锈。

| 14. | 固体 | gùtǐ | 名 | solid |
| 15. | 液体 | yètǐ | 名 | liquid |

通用词语　Common words and phrases

1.	处在	chǔzài	动	be (in a state of)	
2.	不断	búduàn	副	continuously	世界在不断变化。
3.	变化	biànhuà	动	change	
4.	则	zé	连	(*used to indicate contrast*) however	
5.	物体	wùtǐ	名	object	

练习　Exercises

1 根据汉字写拼音　Write *pinyin* according to the characters.

物质＿＿＿＿＿　　整数＿＿＿＿＿　　物体＿＿＿＿＿

形态＿＿＿＿＿　　挥发＿＿＿＿＿　　液态＿＿＿＿＿

2 根据拼音写汉字　Write characters according to the *pinyin*.

búduàn ＿＿＿＿＿　　chǔzài ＿＿＿＿＿　　shēngchéng ＿＿＿＿＿

biànhuà ＿＿＿＿＿　　fèiténg ＿＿＿＿＿　　ránshāo ＿＿＿＿＿

3 在（　）中填入合适的词语　Fill in each blank with a suitable word.

| 沸腾 | 处在 | 挥发 | 物质 | 燃烧 | 则 | 形态 | 不断 |

（1）流出来的汽油已经在空气中（　　　　）开来了。

（2）水加热到 100 摄氏度时就会（　　　　）。

（3）地球始终（　　　　）运动的状态中。

（4）（　　　　）垃圾也是处理垃圾的一种方式。

（5）世界上的东西都是由（　　　　）构成的。

（6）科学家们说地球的温度在（　　　　）地升高。

（7）物质有三种（　　　　），分别为气体、液体和固体。

（8）物质的变化不同，有的生成新的物质，有的（　　　　）不生成新的物质。

二 学习格式 Useful Expressions

1. 统称为……
   ① 我们把整数和分数统称为有理数。
   ② 正整数、0、负整数统称为整数。
   ③ 直线与平面相交或平行的情况统称为直线在平面外。

2. 所谓……，就是……
   ① 所谓大气压强，就是我们通常所说的大气压或气压。
   ② 所谓帕，就是压力的单位帕斯卡。
   ③ 所谓坚持，就是不停地努力，永远不放弃。

三 学习课文 Texts

（一）

我们把正整数、0、负整数统称为整数；正分数、负分数统称为分数。我们把整数和分数统称为有理数。

（二）

我们周围世界的物质处在不断的变化中。有些变化只是物质的形态发生了变化，但并没有其他物质的生成，我们把这种变化叫做物理变化。例如水的沸腾、汽油的挥发等。有些变化则生成了其他物质，我们把这种变化叫做化学变化。例如木材的燃烧、铁的生锈等。

（三）

物体有固体、液体和气体三种形态。

所谓大气压强，就是我们通常所说的大气压（atmospheric pressure）或气压。

词语例释　Expressions used in sentences

1. 只是……，但并没有……

   ① 有些变化只是物质的形态发生了变化，但并没有其他物质生成。
   ② 大家只是听说过这种物质，但并没有真正见到过。
   ③ 我只是这样想，但并没有去做。

2. 则

   ① 有些变化不生成新的物质，有些变化则能生成新的物质。
   ② 一般的液体在空气中不会很快挥发，有的液体则会很快挥发。
   ③ 现在好看的电影并不多，这部电影则吸引了一大批观众。

练习　Exercises

1 根据课文内容判断下列句子的正误（对的画√，错的画×）
Decide if the sentences are true or false according to the texts. (true: √, false: ×)

（1）负整数也是整数，但是零不是整数。　　　　　　　　　（　）
（2）整数和分数都是有理数。　　　　　　　　　　　　　　（　）
（3）我们周围的物质一直都处在变化之中。　　　　　　　　（　）
（4）所有物质的变化都会生成新的物质。　　　　　　　　　（　）
（5）水的沸腾是物理变化。　　　　　　　　　　　　　　　（　）
（6）汽油的燃烧和水的沸腾一样，都是物理变化。　　　　　（　）
（7）物体有三种形态：气体、固体、液体。　　　　　　　　（　）

2 **根据课文内容填空** Fill in the blanks according to the texts.

（1）我们把正整数、0、负整数统称为_____；正分数、负分数统称为_____。我们把整数和分数统称为_____。

（2）我们周围世界的_____处在_____的变化中。有些变化只是物质的_____发生了变化，但并没有其他物质的_____，我们把这种变化叫做_____。

（3）物理变化和化学变化的区别是_____。

3 **按要求回答问题** Do the exercise according to the requirements.

（1）举例说明什么是整数、分数和有理数。

（2）举例说明什么是物理变化。

（3）给化学变化下一个定义。

四 课外练习　Extra Exercises

1 与你的同伴完成下面的对话，并讨论答案是否正确
Complete the dialogues with your partner and discuss if the answers are correct.

（1）A：本课里你学到了几个定义？是什么？

　　B：_____。

（2）A：在前几课你学到了哪些定义？是什么？

　　B：_____。

（3）A：水在什么时候会有三种不同的形态？

　　B：_____。

（4）A：你能再各举出两例你身边的物理变化和化学变化现象吗？

　　B：_____。

2 想一想，读一读　Think and read.

（1）我们把整数和分数统称为有理数。
（2）正分数、负分数统称为分数。
（3）所谓大气压强就是我们通常所说的大气压或气压。
（4）有些变化只是物质的形态发生了变化，但并没有其他物质生成。
（5）一般的液体在空气中不会很快挥发，有的液体则会很快挥发。

3 组词　Make words.

（1）生~：生成　生锈　生活
　　　　生____　生____　生____　生____

（2）~数：整数　分数　有理数
　　　　____数　____数　____数　____数

4 扩展阅读　Extensive reading.

化学变化和物理变化常常同时发生。在化学变化过程里，一定同时发生物理变化，但物理变化过程里，不一定同时发生化学变化。例如，在发生化学变化时，物质的状态、形状、颜色、气味等也往往发生变化，但这里依然以生成其他物质为主，所以属于化学变化。但也有些变化过程，物理变化和化学变化都重要，像某些物质如食盐、酸、碱溶于水时，既有物理的扩散过程，又有化学反应的过程，一般称为化学物理变化。

状态	zhuàngtài	名	state
形状	xíngzhuàng	名	shape
属于	shǔyú	动	belong to
食盐	shíyán	名	salt
酸	suān	名	acid
碱	jiǎn	名	alkali
溶	róng	动	dissolve
扩散	kuòsàn	动	diffuse

> 物质的变化是一个很复杂的过程，要将生产、生活和自然界里发生的所有变化截然地分为物理变化和化学变化是十分困难的。

自然界	zìránjiè	名	nature
截然	jiérán	形	polar, distinct

（1）根据短文内容填空　Fill in the blanks according to the passage.

化学变化和物理变化常常同时_____，在化学变化过程里，一定同时发生物理变化，但物理变化过程里，不一定同时发生化学变化。例如，在发生化学变化时，物质的_____、_____、_____、_____等也往往发生变化，但这里依然以_____其他物质为主，所以_____化学变化。

物质的变化是一个很_____的过程，要将生产、生活和_____里发生的所有变化_____地分为物理变化和化学变化是十分困难的。

（2）回答问题　Answer the questions.

① 物理变化和化学变化有什么明显区别？

② 物理变化和化学变化有什么关系？

③ 你能用一句话概括这段短文的意思吗？

④ 给"化学物理变化"下一个定义。

5　画出下列句子中哪些是下定义或说明概念的常用词语
Underline the words in the following sentences commonly used to define or illustrate concepts.

（1）一般地，我们把研究对象统称为元素（element），把一些元素组成的总体叫做集合（set）（简称为集）。

（2）直线与平面相交或平行的情况统称为直线在平面外。

（3）所谓催化剂（catalyzer）是指在化学反应里能够改变其他物质的化学反应速率，而本身的质量和化学性质在化学反应前后都没有变化的物质。

（4）人们把质子数相同而中子数不同的同一元素的不同原子互称为同位素（isotope）。

6 想一想，猜一猜　Think and guess.

住在山里的小刚想吃泡面。他先把锅放到火炉上烧开水，接着要泡泡面，却突然发现泡面都吃完了，于是他就去山下的超市再买一盒面。二十分钟后他回到家，把锅从炉子上拿下来。奇怪的是，热水都不见了。他非常生气地问家里人："是谁把我的热水用完了？"大家都说没有用。请你想一想：这是怎么回事呢？

7 手写体汉字认读　Recognize and read the following handwritten Chinese characters.

整数　定义　说明　物质　形态　生成　沸腾　汽油

燃烧　木材　生锈　挥发　不断　物体　液体　气体

Zhōngguó Gǔdài de Sì Dà Fāmíng
中国 古代的四大发明
Four Great Inventions of Ancient China

Gǔdài Zhōngguórén yǒu bù shǎo fāmíng chuàngzào, qízhōng zuì wéi zhùmíng de jiù shì
古代 中国人 有不少 发明 创造，其中 最为 著名 的就是
sì dà fāmíng. Sì dà fāmíng shì Zhōngguó gǔdài duì shìjiè jùyǒu hěn dà yǐngxiǎng de sì zhǒng
四大发明。四大发明 是 中国 古代对世界具有很大 影响 的四种
fāmíng, jí zàozhǐshù, zhǐnánzhēn, huǒyào, huózì yìnshuāshù.
发明，即造纸术、指南针、火药、活字 印刷术。

第六课 Lesson 6

位置与方向 Location and Direction

学习目标 Objectives

1. 学会位置与方向的简单表示方法。
2. 学会下面的常用格式：
   （1）沿……（方向）
   （2）不是……，而是……
   （3）有且仅有

一 学习词语 Vocabulary

科技词语 Words and phrases of science and technology

1.	水平	shuǐpíng	名	horizontal, level	水平方向 / 水平桌面
2.	静止	jìngzhǐ	动	stay still	
3.	重力	zhònglì	名	gravity	
4.	支持	zhīchí	动	support	
5.	摩擦	mócā	动	friction	
6.	竖直	shùzhí	形	vertical, upright	竖直下落
7.	平行	píngxíng	动	be parallel	
8.	垂直	chuízhí	动	be perpendicular, be vertical	直线 A 垂直于直线 B （$A \perp B$）
9.	起点	qǐdiǎn	名	starting point	
10.	终点	zhōngdiǎn	名	end point	
11.	中点	zhōngdiǎn	名	midpoint	

通用词语 Common words and phrases

1.	向	xiàng	介	towards, to	向左 / 向右
2.	推	tuī	动	push	
3.	墙	qiáng	名	wall	
4.	方向	fāngxiàng	名	direction	水平方向 / 竖直向下方向
5.	受	shòu	动	receive, bear	受到摩擦力 / 受到重力的作用
6.	沿	yán	介	along	沿水平方向 / 沿斜面
7.	拉	lā	动	pull	
8.	斜面	xiémiàn	名	inclined plane	
9.	下滑	xiàhuá	动	glide down	
10.	互相	hùxiāng	副	each other	互相垂直
11.	过	guò	动	pass, cross	过 A 点 / 过直线上一点
12.	且	qiě	连	and	有且仅有
13.	仅	jǐn	副	only	仅有

练习 Exercises

1 朗读并学习下面关于"力"的词语 Read aloud and learn the words with "力".

（1）重量——重力　　　　　（7）压——压力

（2）支持——支持力　　　　（8）浮——浮力

（3）摩擦——摩擦力　　　　（9）阻碍——阻力

（4）拉——拉力　　　　　　（10）合成——合力

（5）推——推力　　　　　　（11）分解——分力

（6）弹——弹力

2 朗读并学习下面表示方向的词语　Read aloud and learn the words of directions.

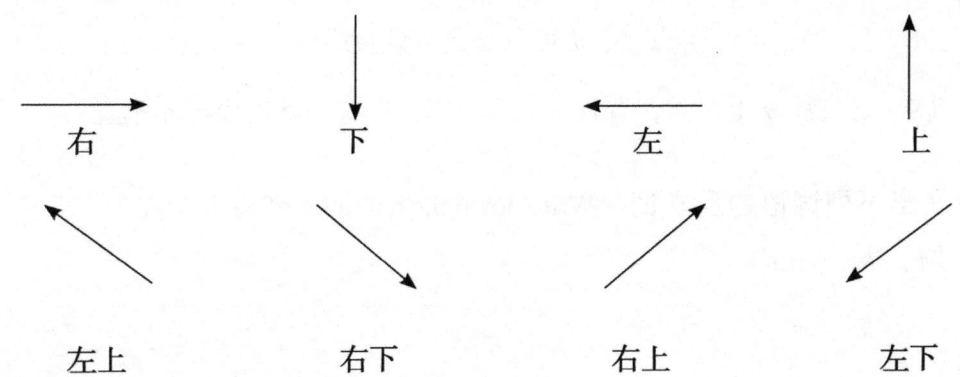

3 根据图形写出相应的词语　Write down Chinese words according to the graphics.

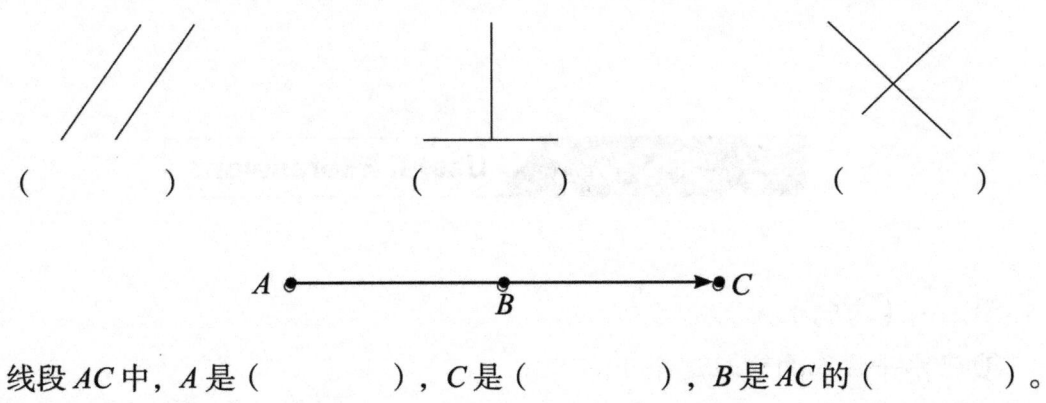

线段 AC 中，A 是（　　　），C 是（　　　），B 是 AC 的（　　　）。

4 在（　）中填入合适的词语　Fill in each blank with a suitable word.

| 过 | 受 | 向 | 方向 | 仅 | 竖直 | 起点 | 且 | 终点 | 互相 |

（1）东、南、西、北表示四个（　　　）。

（2）重力的方向都是（　　　）向下的。

（3）公共汽车站的第一站可以叫做（　　　），最后一站可以叫做（　　　）。

（4）地球上的所有物体都（　　　）到重力的作用。

（5）一辆汽车正在（　　　）右行驶。

（6）直角三角形的两条直角边（　　　）垂直。

（7）这两条线段平行（　　　　）相等。

（8）（　　　　）点 A、B 可以画出一条直线。

（9）过直线 a 上一点，有且（　　　　）有一条直线与 a 垂直。

5　写出下列词语的反义词　Write down the antonym of each word.

例：大——小

左——　　　　　　　　　　　　上——

平行——　　　　　　　　　　　运动——

起点——

二　学习格式　Useful Expressions

1. 沿……（方向）

① 沿水平方向向右拉这个小车。

② 沿斜面下滑。

③ 沿竖直向上方向扔出一个苹果。

2. 不是……，而是……

① 这两条直线不是相交，而是平行。

② 点 A 不是这条线段的起点，而是终点。

③ 我们需要的不是氢气，而是氧气。

3. 有且仅有

① 过 AB 的中点 C 有且仅有一条直线与 AB 垂直。

② 过直线 AB 外一点有且仅有一条直线与 AB 平行。

③ 每个圆有且仅有一个圆心。

第六课　位置与方向

练习　Exercises

1 根据下列图形，用"沿……（方向）"完成句子
Complete the sentences with "沿……（方向）" according to the following graphics.

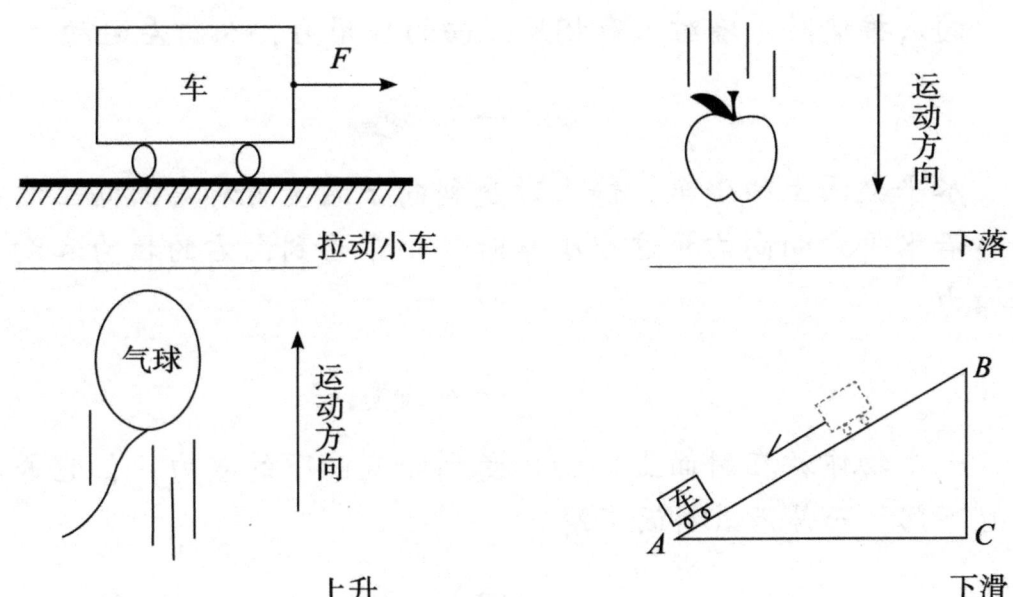

_____ 拉动小车　　　　　_____ 下落

_____ 上升　　　　　　　_____ 下滑

2 用"不是……，而是……"完成句子
Complete the sentences with "不是……，而是……".

（1）"<"这个符号不是大于号，_____。

（2）□ABCD_____正方形，而是_____。

（3）这种气体_____，_____氢气。

3 用"有且仅有"连接两边的内容，组成句子并朗读
Combine the expressions in the two columns into sentences with "有且仅有" and read them aloud.

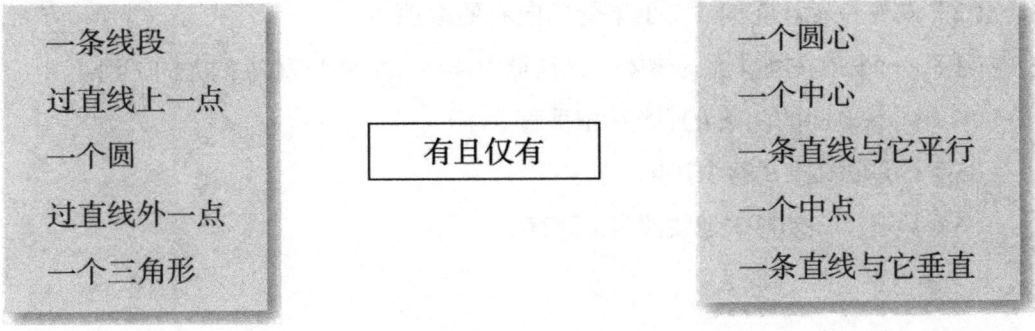

三 学习课文 Texts

（一）

向右推墙时，墙对人有相反方向的作用力，人向左运动。

（二）

水平桌面上的小车，静止时受到向下的重力和桌面向上的支持力。沿水平方向向右拉这个小车时，小车受到向右的拉力和向左的摩擦力。

（三）

一个物体放在斜面上，物体受到竖直向下的重力，但它并不是竖直下落，而是沿着斜面下滑。

（四）

同一平面内的两条直线，可能相交，也可能平行。相交成直角的两条直线互相垂直。画一条线段 AB，A 为起点，B 为终点，过 AB 的中点 C 有且仅有一条直线与 AB 垂直。

练习 Exercises

1. 根据课文内容判断下列句子的正误（对的画 √，错的画 ×）
   Decide if the sentences are true or false according to the texts. (true: √, false: ×)
   （1）水平桌面上的小车，静止时受到两个力的作用。（　）
   （2）向右拉动小车时，小车受到向右的摩擦力。（　）
   （3）一个放在斜面上的物体，受到重力作用，沿着竖直向下的方向下滑。（　）
   （4）同一平面的两条直线互相垂直。（　）
   （5）C 是线段 AB 的中点。（　）
   （6）只有一条直线与线段 AB 垂直。（　）

2 根据课文内容回答问题　　Answer the questions according to the texts.

（1）向右推墙时，人为什么向左运动？

（2）水平桌面上的小车，静止时受到什么力？方向是什么？

（3）沿水平方向向右拉小车时，小车受到什么力？方向是什么？

（4）一个物体放在斜面上，它会怎么样？

（5）过中点 C 有几条直线与 AB 垂直？

四 课外练习　Extra Exercises

1 说出下面箭头的方向　　Tell the directions of the arrows.

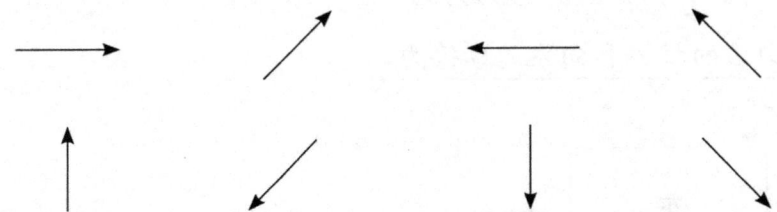

2 判断下列说法是否正确，如果有错误，在画线处改正过来
Decide if the expressions are right or wrong. For any one wrong, write the correct one on the line.

（1）重量力（　　）_____

（2）支持力（　　）_____

（3）摩擦力（　　）_____

（4）垂直互相（　　）_____

（5）有且仅有（　　）_____

（6）运动向右（　　）_____

（7）受到重力（　　）_____

（8）受到重力向下（　　）　_____

（9）沿斜面下滑（　　）　_____

（10）沿水平方向运动（　　）　_____

（11）沿向右水平方向运动（　　）　_____

（12）过C点（　　）　_____

（13）过点C（　　）　_____

3　根据提示，写出下面图中物体的受力情况

Write down the forces on the objects according to the graphics.

例：

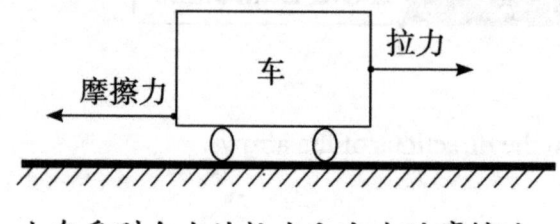

小车受到向右的拉力和向左的摩擦力。

（1）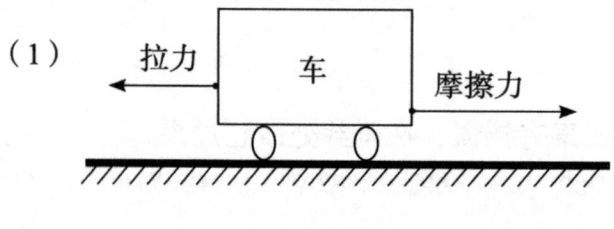

_____

（2）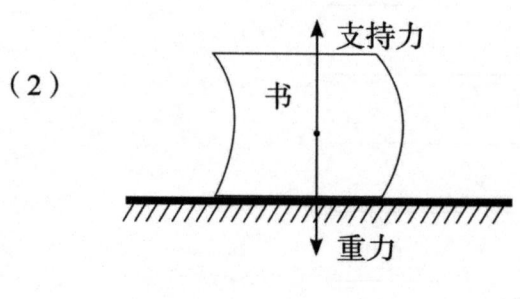

_____

（3）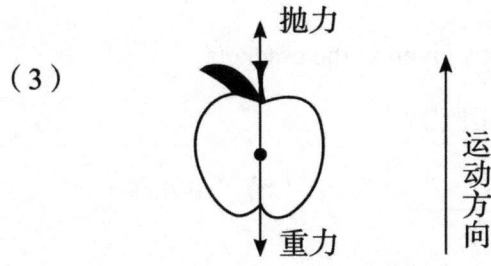

　　　_____

（4）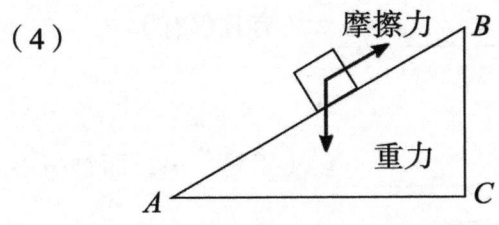

　　　_____

4 用下面的词语组成句子　　Make sentences with the given words.

（1）左　小车　向　运动

　　→ _____

（2）沿　小车　着　下滑　斜面

　　→ _____

（3）重力　受到　物体　的　向下　竖直

　　→ _____

（4）向　摩擦　小车　的　力　受到　左

　　→ _____

（5）有　一条　且　中点　仅有　一个　线段

　　→ _____

5 用括号里的词语回答问题
Answer the questions with the expressions given in the brackets.

（1）放在斜面上的小车，沿什么方向下滑？

_____。（沿……方向）

（2）"//"是什么符号？

_____。（不是……，而是……）

（3）一个圆有几个圆心？

_____。（有且仅有）

（4）斜面上的小车受到什么力？

_____。（不是……，而是……）

（5）过直线外一点，有几条直线与它平行？

_____。（有且仅有）

6 扩展阅读 Extensive reading.

力的作用是相互的。悬挂着的电灯，受到向下的重力和向上的拉力。当电灯静止不动时，这两个力一定大小相等、方向相反，并且在同一条直线上，如果知道电灯受到的重力大小，就能知道电线对灯的拉力，即拉力的大小与重力相等。放在桌子上的书，受到向下的重力和桌面对它向上的支持力，当书静止不动时，如果知道书的重量，我们也可以知道支持力的大小。

相互	xiānghù	形	mutual
悬挂	xuánguà	动	hang
电灯	diàndēng	名	electric light
电线	diànxiàn	名	(electric) wire
即	jí	副	that is

根据短文内容选择正确答案
Choose the correct answers according to the passage.

（1）悬挂着的电灯，受到的力有：（　　　）

　　A. 向下的重力

　　B. 向上的重力

　　C. 向上的支持力

　　D. 向下的拉力

（2）当电灯静止时，下面说法不正确的是：（　　　）

　　A. 重力与拉力大小相等

　　B. 重力与拉力方向相反

　　C. 重力与拉力方向相同

　　D. 重力与拉力在一条直线上

（3）下面说法不正确的是：（　　　）

　　A. 电灯静止不动时，受到两个力的作用

　　B. 书的大小等于支持力的大小

　　C. 电灯的重力等于电线的拉力

　　D. 桌面上的书受到的重力和支持力方向相反

（4）这段话是为了说明：（　　　）

　　A. 电灯受到重力和拉力

　　B. 书受到重力和支持力

　　C. 力的作用是相互的

　　D. 力的大小相等、方向相反

7 小游戏：你说我画　Game: You say, and I draw.

（1）请一个或两个同学到黑板前，让其他同学说出任意方向，要求黑板前的同学画出箭头表示方向。

One or two students are asked to stand in front of the blackboard. When other students say a direction, the student(s) before the blackboard is(are) supposed to draw an arrow to show the direction.

（2）两个人一组，一个同学说出一件物品和它的位置或受力方向，另一个同学根据说话的内容画图。（如：桌子上的苹果，受到向下的重力和向上的支持力。）

Work in pairs. One says an object and its position or the directions of the forces on it, and the other draws a picture accordingly. (e.g., an apple on a table, affected by the downward gravity and the upward supporting force.)

8 手写体汉字认读　Recognize and read the following handwritten Chinese characters.

重力　　摩擦　　向　　水平　　垂直　　平行

起点　　终点　　中点　　竖直　　拉

Shénqí de Zhíwù —— Wǔcǎo
神奇的植物——舞草
Telegraph Plant, a Mysterious Plant

中国广西有一种植物，它开着紫红色的小花儿，它的叶子可以做 360 度的旋转，也可以上下来回摆动，而且同一棵植物的各片小叶在运动时有快有慢，好像在随着音乐跳舞，所以人们把它叫做"舞草"。

第七课 异同与比例
Lesson 7　Similarity, Difference and Proportion

学习目标 Objectives

1. 学会异同与比例的简单表示方法。
2. 学会下面的常用格式：
   （1）与/跟……相反/相同
   （2）A 与/跟 B 成正比/反比（A 与 B 是正比/反比关系）
   （3）与/跟……有关/无关

一　学习词语　Vocabulary

科技词语　Words and phrases of science and technology

1. 正比	zhèngbǐ	名	direct ratio	路程与时间成正比。
2. 反比	fǎnbǐ	名	inverse ratio	时间与速度成反比。
3. 加速度	jiāsùdù	名	acceleration	（一般用符号 a 表示）
4. 质量	zhìliàng	名	mass	（一般用符号 m 表示）
5. 欧姆定律	ōumǔ dìnglǜ	名	Ohm's law	
6. 导体	dǎotǐ	名	conductor	
7. 电流	diànliú	名	electric current	（一般用符号 I 表示）
8. 电压	diànyā	名	voltage	（一般用符号 U 表示）
9. 电阻	diànzǔ	名	electric resistance	（一般用符号 R 表示）

通用词语 Common words and phrases

1.	行驶	xíngshǐ	动	(of vehicles, etc.) drive, travel	汽车行驶在高速公路上。
2.	速度	sùdù	名	velocity, speed	（一般用符号 v 表示）
3.	一定	yídìng	形	certain, fixed	汽车每小时速度一定。
4.	路程	lùchéng	名	distance traveled	（一般用符号 s 表示）
5.	时间	shíjiān	名	time	（一般用符号 t 表示）
6.	关系	guānxi	名	relation	正比关系 / 反比关系
7.	两端	liǎng duān		both ends	
8.	材料	cáiliào	名	material	
9.	有关	yǒuguān	动	be related to	与 / 跟 / 和……有关
10.	无关	wúguān	动	be unrelated to	与 / 跟 / 和……无关

练习 Exercises

1 根据汉字写拼音　Write *pinyin* according to the characters.

电阻＿＿＿＿＿＿＿＿＿　　　加速度＿＿＿＿＿＿＿＿＿

材料＿＿＿＿＿＿＿＿＿　　　质量＿＿＿＿＿＿＿＿＿

电压＿＿＿＿＿＿＿＿＿　　　导体＿＿＿＿＿＿＿＿＿

2 根据拼音写汉字　Write characters according to the *pinyin*.

yǒuguān ＿＿＿＿＿＿＿＿　　　liǎng duān ＿＿＿＿＿＿＿＿

xíngshǐ ＿＿＿＿＿＿＿＿　　　zhèngbǐ ＿＿＿＿＿＿＿＿

yídìng ＿＿＿＿＿＿＿＿　　　lùchéng ＿＿＿＿＿＿＿＿

3 将下列符号与它的汉语表达形式连线
   Draw lines to match the symbols with their corresponding Chinese.

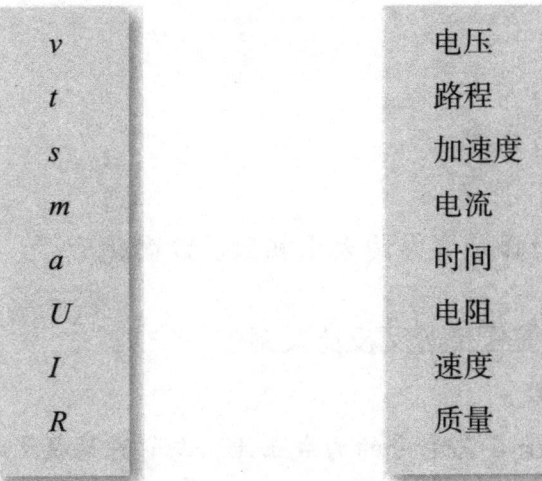

4 组词 Make words.

(1) 加 + 速度 → 加速度

　　加 + 急　　→（　　　　）

　　加 + 倍　　→（　　　　）

　　加 +（　　）→（　　　　）

　　加 +（　　）→（　　　　）

(2) 电 + 压力 → 电压

　　电 + 流　　→（　　　　）

　　电 + 阻碍　→（　　　　）

　　电 +（　　）→（　　　　）

　　电 +（　　）→（　　　　）

(3) 电 + 流 → 电流

　　水 + 流 →（　　　　）

　　气 + 流 →（　　　　）

　　河 + 流 →（　　　　）

　（　　）+ 流 →（　　　　）

二 学习格式　Useful Expressions

1. 与/跟……相反/相同
   ① 摩擦力的方向与物体运动的方向相反。
   ② 他的看法跟我的看法相同。
   ③ 地面上的物体受到的重力与地面的支持力大小相同、方向相反。

2. A 与/跟 B 成正比/反比（A 与 B 是正比/反比关系）
   ① 速度一定，路程与时间成正比。
   ② 一个物体在运动时，加速度的大小与它受的力成正比，与它的质量成反比。
   ③ 导体中电流的大小跟这个导体两端的电压成正比，跟导体的电阻成反比。
   ④ 物体运动的加速度与它所受的力是正比关系，与它的质量是反比关系。

3. 与/跟……有关/无关
   ① 电阻大小跟导体材料有关，跟导体的质量无关。
   ② 汽车行驶中，空气阻力与汽车的速度有关。
   ③ 液体的压强与液体的密度有关。
   ④ 概率是一个确定的数，与每次试验无关。

练习　Exercises

1 用括号里的格式改写下面的句子

Rewrite the sentences with the expressions given in the brackets.

（1）我觉得应该住在学校里，他一定要在外面住。（与……相反）

_____

（2）这道题的答案是 130，那道题的答案也是 130。（跟……相同）

_____

（3）汽车的速度一定，行驶的时间越长，路程也越长。（……与……成正比/……与……是正比关系）

_____

（4）导体两端的电压一定，电阻越大，电流就越小。（……与……成反比 / ……与……是反比关系）

_____

（5）物体的重心和它的形状有关系。（与……有关）

_____

（6）导体电阻的大小和它的质量没有关系。（与……无关）

_____

2 根据下列表达式，说出表达式中的各种关系
Tell the relations between the elements in each expression.

（1）摩擦力 F_1 = 拉力 F_2

（2）$s = vt$（路程 = 速度 × 时间）

（3）$U = I/R$（电压 = 电流 / 电阻）

（4）$G = mg$（重力 = 质量 × 重力加速度）

3 说说你知道的生活中的比例关系
Talk about some proportional relations in your life.

三 学习课文　Texts

（一）

摩擦力的方向与物体运动的方向相反。

（二）

汽车每小时行驶的速度一定，它行驶的路程与时间成正比。汽车在已知路程中行驶，它的速度与时间成反比。

（三）

一个物体在运动时，加速度的大小与它受的力成正比，与它的质量成反比，加速度的方向与力的方向相同。也就是说，物体运动的加速度与它所受的力是正比关系，与它的质量是反比关系。

（四）

欧姆定律告诉我们，导体中电流的大小跟这个导体两端的电压成正比，跟导体的电阻成反比。电阻大小跟导体材料有关，跟导体的质量无关。

词语例释　Expression used in sentences

也就是说

① 加速度的大小与它受的力成正比，也就是说，加速度与它所受的力是正比关系。

② 摩擦力的方向与物体运动的方向相反，也就是说，摩擦力向左，运动方向向右。

③ 电阻大小跟导体材料有关，也就是说，不同材料的导体，电阻可能不同。

练习　Exercises

1 根据课文内容判断下列句子的正误（对的画 √，错的画 ×）

Decide if the sentences are true or false according to the texts. (true: √, false: ×)

（1）物体的运动方向和摩擦力的方向相反。　　　　　　　　　　（　）

（2）汽车行驶的速度一定，它行驶的时间越长，路程越短。　　　（　）

（3）汽车行驶的路程一定，它的速度越快，时间越短。　　　　　（　）

（4）物体在运动时，加速度的大小和它受的力有关，和它的质量无关。（　）

（5）电流的大小与电压大小是正比关系。　　　　　　　　　　　（　）

2 根据课文，写出下列几对词语的关系
Write down the relation between each pair of items below according to the texts.

（1）摩擦力方向　　物体运动方向　　（　　　　　）

（2）速度　　时间　　（　　　　　）

（3）加速度　　力　　（　　　　　）

（4）电流　　电压　　（　　　　　）

（5）电阻　　导体材料　　（　　　　　）

（6）电阻　　导体质量　　（　　　　　）

3 写出课文中具有下列关系的几组词语
Write down a couple of words or expressions in the texts which have the following relations.

（1）相反关系：

（2）正比关系：

（3）反比关系：

四　课外练习　Extra Exercises

1 根据下面的符号，写出相应的汉语词语
Write down the Chinese words for the following symbols.

（1）v ——　　　　　　　　（5）R ——

（2）s ——　　　　　　　　（6）U ——

（3）t ——　　　　　　　　（7）a ——

（4）I ——　　　　　　　　（8）m ——

2 查一查，说一说下面公式里的符号分别代表什么
Look up what the symbols stand for in the following formulas.

(1) $G = mg$ (4) $W = Fs$

(2) $a = (V_t - V_o)/t$ (5) $Q = cm\triangle t$

(3) $\rho = m/v$

3 在（ ）中填入合适的词语 Fill in the blanks with suitable words.

(1) 摩擦力的方向（　　　　）物体运动的方向相反。
(2) 汽车每小时行驶的速度（　　　　），它行驶的路程与时间（　　　　）正比。
(3) 物体运动的加速度的大小与它（　　　　）的力成正比。
(4) 物体运动的加速度与它所受的力（　　　　）正比关系。
(5) 电阻的大小（　　　　）导体的质量无关。

4 朗读下面的句子，并试着用"也就是说"举例解释一下
Read the following sentences aloud and try to explain them with examples using "也就是说".

1. 摩擦力的方向与物体运动的方向相反。

2. 汽车每小时行驶的速度一定，它行驶的路程与时间成正比。

3. 物体运动的加速度与它所受的力是正比关系，与它的质量是反比关系。

4. 电阻大小跟导体材料有关，跟导体的质量无关。

5 给下列句子换一种正式的说法
Change each of the following sentences into a formal statement.

1. 物体运动时，受到的力向左，加速度的方向也向左。

2. 桌子上的物体受到的重力竖直向下，支持力却是竖直向上的。

3. 水果价格一定，买的越多，一共花的钱也越多。

4. 很多人分一块蛋糕，人数越多，每个人分到的蛋糕越少。

5. 合金的成分不同，性质也不同。

6. 物体的重力和它的体积没有关系。

6 扩展阅读 Extensive reading.

假设有A、B两个数，当A增加时，B也随着同样的比例增加，那么它们之间就成"正比"的关系。例如，汽车每小时行驶60千米，当时间增加时，它所行驶的路程也会成正比例增加。

假设$A \times B = K$，K是常数，当A增加时，B随着同样的比例减少，那么它们之间就成"反比"的关系。例如，一块土地上要种60棵树，假如每人每天能种10棵，那么当人的数量增加时，工作天数就会成反比例减少。

假设	jiǎshè	动	suppose, assume
常数	chángshù	名	constant
增加	zēngjiā	动	raise, increase
随着	suízhe	介	along with, in pace with
比例	bǐlì	名	proportion
种	zhòng	动	grow, plant

（1）写出下列词语的近义词　Write down the synonym of each word.

① 假设 ——　　　　④ 同样 ——

② 增加 ——　　　　⑤ 例如 ——

③ 减少 ——　　　　⑥ 假如 ——

（2）根据短文内容选择正确答案

Choose the correct answers according to the passage.

① 这段话的主要意思是：（　　）

　A. 时间和路程成正比　　　B. 人数和工作天数成反比

　C. 介绍正比和反比关系　　D. 介绍常数

② 如果 A、B 成"正比"的关系，那么：（   ）

    A. 当 A 增加，B 成比例减少   B. 当 A 减少，B 成比例增加

    C. 当 A 增加，B 成比例增加   D. 当 A 增加，B 不变

③ "$A \times B = K$" 中，K 表示：（   ）

    A. 平常的数   B. 常常有这个数

    C. 数值一定   D. 反比关系的数

④ 种树的例子是为了说明：（   ）

    A. 正比关系   B. 反比关系

    C. 人数增加，天数会减少   D. 人数增加，天数会增加

（3）用自己的话复述短文，并多举几个相关的例子

    Retell the passage in your own words and give some other examples.

7 根据下面的表，说出比例关系

Tell the proportional relations according to the tables below.

1. 苹果单价：10.00元/kg

重量	1kg	2kg	3kg	4kg
总价	10.00元	20.00元	30.00元	40.00元

2. 汽车行驶的路程：60km

速度	20km/h	30km/h	40km/h	60km/h
时间	3小时	2小时	1.5小时	1小时

8 两个同学一组，一个同学说出一个表达式，另一个同学根据表达式描述比例关系

Work in pairs. One student says an expression, and the other describes the proportional relation indicated by it.

9 手写体汉字认读　Recognize and read the following handwritten Chinese characters.

正比　　反比　　加速度　　电压　　电流

电阻　　材料　　两端　　关系　　行驶　　质量

Diànnǎo "Shēnlán"
电脑 "深蓝"
The Computer "Deep Blue"

Míng jiào "Shēnlán" de diànnǎo shì Měiguó gōngsī shēngchǎn de yì tái chāojí
名叫"深蓝"的电脑是美国IBM公司生产的一台超级
guójì xiàngqí diànnǎo, yóu Měiguó Kǎnèijīméilóng Dàxué de Xǔ Fēngxióng bóshì kāifā, tā
国际象棋电脑，由美国卡内基梅隆大学的许峰雄博士开发，它
chénggōng de zài yī jiǔ jiǔ qī nián zhànshèng shìjiè qíwáng Kǎsīpàluófū, cóng'ér chéngwéi
成功地在1997年战胜世界棋王卡斯帕罗夫，从而成为
shǒugè zài biāozhǔn bǐsài shíxiàn nèi jībài guójì xiàngqí shìjiè guànjūn de diànnǎo xìtǒng.
首个在标准比赛时限内击败国际象棋世界冠军的电脑系统。
Yī jiǔ jiǔ liù nián èr yuè shí rì, Shēnlán shǒucì tiǎozhàn Kǎsīpàluófū, bǐsài zài èr yuè
1996年2月10日，深蓝首次挑战卡斯帕罗夫，比赛在2月
shíqī rì jiéshù, dàn tā yǐ èr bǐ sì luòbài. Qíhòu yánjiū xiǎozǔ bǎ Shēnlán jiāyǐ gǎiliáng.
17日结束，但它以2:4落败。其后研究小组把深蓝加以改良。
Yī jiǔ jiǔ qī nián wǔ yuè, Shēnlán zàidù tiǎozhàn Kǎsīpàluófū, bǐsài zài wǔ yuè shíyī rì
1997年5月，深蓝再度挑战卡斯帕罗夫，比赛在5月11日
jiéshù, zuìzhōng Shēnlán yǐ sān diǎn wǔ bǐ èr diǎn wǔ jībài Kǎsīpàluófū, zhè xuāngàozhe
结束，最终深蓝以3.5:2.5击败卡斯帕罗夫，这宣告着
yòu yí ge kējì shídài de dàolái.
又一个科技时代的到来。

第八课 运算与操作（数学）
Lesson 8 Calculation and Operation (Mathematics)

学习目标 Objectives

1. 学会数学中运算与操作时常用的语言。
2. 学会下面的常用格式：
   （1）以……为……
   （2）已知……，求……

一 学习词语 Vocabulary

科技词语 Words and phrases of science and technology

1. 圆心	yuánxīn	名	center of a circle
2. 勾股定理	gōugǔ dìnglǐ		Pythagoras' theorem
3. 求	qiú	动	seek (the answer, evaluation, etc.) 求 y 值 / 求 △ABC 中 AC 的边长
4. 斜边	xiébiān	名	bevel edge, hypotenuse
5. 长度	chángdù	名	length
6. 弧	hú	名	arc
7. 中垂线	zhōngchuíxiàn	名	perpendicular bisector
8. 平移	píngyí	动	translate

通用词语 Common words and phrases

1. 以	yǐ	介	use, take 以 O 为圆心 / 以 r 为半径
2. 根据	gēnjù	动	according to 根据勾股定理 / 根据正弦定理

第八课 运算与操作（数学）

3.	同时	tóngshí	连	at the same time	同时加上 / 同时减去
4.	任意	rènyì	形	any, unconditional	任意一个数 / 任意点
5.	结果	jiéguǒ	名	result	
6.	仍	réng	副	still	仍为 0 / 仍不变
7.	变换	biànhuàn	动	change, transform	
8.	现象	xiànxiàng	名	phenomenon	
9.	通常	tōngcháng	形	general, usual	
10.	包括	bāokuò	动	include, contain	线包括直线、射线、线段等等。
11.	例如	lìrú	动	for example	生活中有很多力的作用，例如重力、压力等。
12.	逆时针	nìshízhēn	名	anticlockwise	
13.	得出	déchū	动	obtain (a result), find (an answer)	得出结果 / 得出答案

练习 Exercises

1 根据汉字写拼音 Write *pinyin* according to the characters.

长度_____ 圆心_____ 平移_____

求_____ 斜边_____ 弧_____

2 根据拼音写汉字 Write characters according to the *pinyin*.

déchū_____ gēnjù_____ bāokuò_____

rènyì_____ lìrú_____ jiéguǒ_____

3 比较下面的近义词 Compare the following pairs of near-synonyms.

根据——按照   变换——变化

通常——常常   包括——包含

例如——比如

4 根据下面的图形，在句子的_____上填入合适的词语
Fill in the blanks with suitable words according to the graphics.

（1）

（2）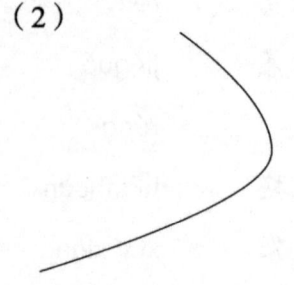

C 是 AB 的_____，DE 是 AB 的_____。 这是一条_____。

（3）

（4）

AC 是 Rt△ABC 的_____。 O 是_____，OR 是_____。

（5）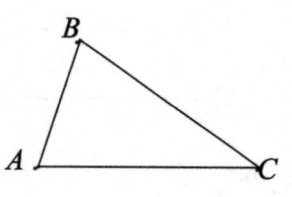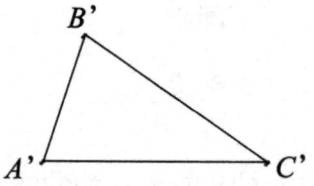

△ABC_____后，就是△A'B'C'。

（6）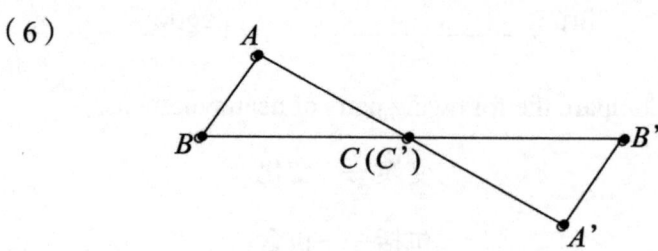

△ABC_____后，就是△A'B'C'。

5 在（ ）中填入合适的词语　Fill in each blank with a suitable word.

> 仍　求　以　任意　同时　结果　根据　例如　现象

（1）在物理学中，"力"用字母"F"表示，（　　　　）"$F_{摩擦}$"，就表示摩擦力。

（2）已知圆的半径，（　　　　）这个圆的面积。

（3）冬天时，水会变成冰，是一种物理（　　　　）。

（4）圆的半径就是圆上（　　　　）一点到圆心的距离。

（5）两辆汽车从起点（　　　　）出发，速度快的汽车先到达终点。

（6）这道数学题可以（　　　　）正弦定理求出。

（7）这个三角形旋转 90° 后，面积（　　　　）不改变。

（8）射线 OA（　　　　）O 为端点。

（9）你这道题的（　　　　）不正确。

二 学习格式　Useful Expressions

1. 以……为……
   ① 以点 O 为圆心，（以）r 为半径画圆。
   ② 在直角坐标系中，以 O 为原点。
   ③ 一辆自行车以点 A 为起点，向点 B 方向行驶。

2. 已知……，求……
   ① 已知直角三角形的两个直角边长，可以求出斜边长。
   ② 已知圆的半径长，求圆面积。
   ③ 已知汽车行驶的速度和时间，求它行驶的路程。

练习 Exercises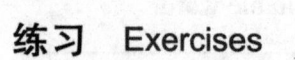

1 根据下面的图形，用"以……为……"写句子
Write sentences with "以……为……" according to the following graphics.

（1）

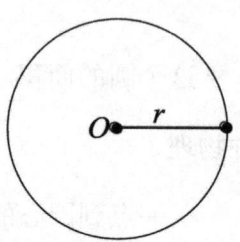

画圆，圆心是 O，半径是 r →_____

（2）

画一条射线，点 O 是端点 →_____

（3）

小车行驶，A 是起点，B 是终点 →_____

2 用"已知……，求……"改写下面的句子
Rewrite the sentences with "已知……，求……".

（1）直角三角形 $Rt\triangle ABC$，直角边 $AB=3cm$，$BC=4cm$，斜边长度是多少？
_____

（2）圆 O，半径 $r=4cm$，圆的面积是多少？
_____

（3）一辆汽车行驶速度为 60km/h，行驶了 3 个小时，一共行驶了多少路程？
_____

三 学习课文 Texts

（一）

以点 O 为圆心，r 为半径画圆。

（二）

已知直角三角形的两个直角边长，根据勾股定理，可以求出斜边长。

（三）

等式的两边同时加上（或减去）任意相同的数，结果仍是等式。

（四）

已知线段 AB，分别以 A、B 为圆心，以大于线段的二分之一长度为半径画弧线，两条弧线分别相交于两点。过这两个交点，可以画出线段 AB 的中垂线。

（五）

在几何变换的现象中，通常包括旋转现象和平移现象。例如，一条射线 OA 以 O 为端点，OA 沿逆时针方向旋转到 OB，可以得出一个角 $\angle AOB$。将 $\angle AOB$ 向右平移，又得出一个大小相同的角 $\angle A'O'B'$。

词语例释 Expressions used in sentences

1. 根据

① 根据勾股定理，可以求出斜边长。

② 根据圆的半径，可以求出圆的面积。

③ 根据直线方程，画出这条直线。

2. 例如

① 数学运算符号有很多，例如"+、-、×、÷"等。

② 生活中有很多力的现象，例如重力、拉力、摩擦力等。

③ 化学元素常常用字母和数字表示，例如 CO_2、H_2O 等等。

3. 逆时针/顺时针

① OA 沿逆时针方向旋转到 OB。

② 请大家按照座位的顺时针方向发言。

练习 Exercises

1 根据下面的图形或表达式，判断该图形或表达式是出于课文中的哪段话

Decide from which text each of the following graphics or expressions comes.

（1）

（2）

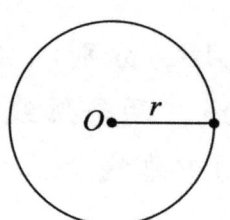

（3） $a = 2b$　　$a + 3 = 2b + 3$　　$a - 2 = 2b - 2$

（4）

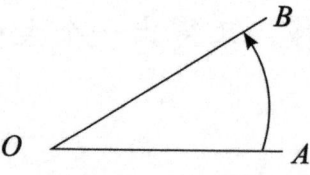 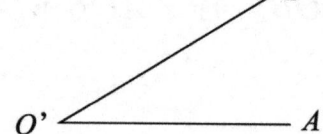

（5）

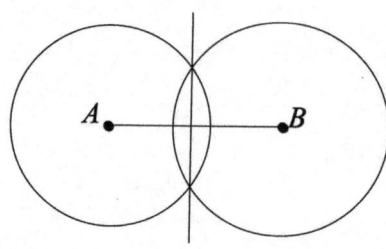

2 根据课文内容判断下列句子的正误（对的画 √，错的画 ×）
Decide if the sentences are true or false according to the texts. (true: √, false: ×)

（1）O 是圆心，半径是 r。　　　　　　　　　　　　　　（　　）

（2）已知直角三角形的一个直角边长，可以求出斜边长。　　（　　）

（3）等式两边同时加上一个数，得到的结果仍是等式。　　　（　　）

（4）课文四告诉我们怎样做线段 AB 的垂线。　　　　　　　（　　）

（5）旋转和平移都是几何变换的现象。　　　　　　　　　　（　　）

（6）$\angle A'O'B'$ 和 $\angle AOB$ 大小相等。　　　　　　　　　（　　）

3 根据课文内容填空　Fill in the blanks according to the texts.

（1）（　　　　）点 O（　　　　）圆心，r（　　　　）半径画圆。

（2）（　　　　）直角三角形的两个直角边长，（　　　　）勾股定理，可以（　　　　）出斜边长。

（3）等式的两边（　　　　）加上（或减去）任意相同的数，所得结果（　　　　）是等式。

（4）在几何变换的（　　　　）中，通常（　　　　）旋转现象和平移现象。

4 根据课文内容回答问题　Answer the questions according to the texts.

（1）课文一中，O 是什么？r 是什么？

（2）课文二中，已知直角三角形的两条直角边，可以求出斜边长吗？为什么？

（3）课文三中，等式两边同时加上相同的数，结果是什么？

（4）根据课文四简单说说怎样画出线段 AB 的中垂线。

（5）课文五中，几何变换现象包括什么？请举例说明。

四 课外练习 Extra Exercises

1 查一查，学习下列词语，再试着写出几组类似的词语
Look up the words in a dictionary, and try to write some similar words.

（1）~心 —— 圆心
　　　　　 内心
　　　　　 外心
　　　　　 重心

（2）~线 —— 中垂线
　　　　　 弧线
　　　　　 垂线
　　　　　 平行线

（3）~边 —— 斜边
　　　　　 直角边
　　　　　 顶边
　　　　　 底边
　　　　　 等边

（4）~度 —— 长度
　　　　　 宽度
　　　　　 高度

2 用本课学过的词语替换下列句子中带 ____ 的词语
Substitute the underlined words with words or expressions learned in this lesson.

（1）Office 软件里<u>包含</u> Word、Excel、PowerPoint 等等。　　（　　）
（2）物体运动的速度<u>常常</u>用字母 v 表示。　　（　　）
（3）我们已经学习了很多几何图形，<u>比如</u>三角形、圆形、四边形。（　　）
（4）这道题<u>按照</u>勾股定理，就可以求出斜边长。　　（　　）
（5）水和冰之间的<u>变化</u>，是一种物理现象。　　（　　）

3 把括号里的词语放在句中的合适位置
Put the words given in the brackets in the proper positions in the sentences.

（1）A 一辆汽车 B 甲为 C 起点，乙为终点行驶。　　（以）
（2）A 物体的 B 质量为 200g，C 求它受到的重力。　　（已知）
（3）甲和乙 A 两辆汽车 B 从北京出发 C。　　（同时）
（4）两条 A 弧线 B 相交于 β、γ 两点。　　（分别）
（5）力的方向 A 用箭头 B 表示 C。　　（通常）

4 用括号里的格式改写下面的句子
Rewrite the sentences with the structures given in the brackets.

（1）有一个方程 $y = 8x + 2$，$x = 1.5$，请问 y 等于多少？（已知……，求……）

_____

（2）画一个圆，圆心是 O，半径是 r。（以……为……）

_____

（3）画一个直角三角形 Rt△ABC，OA 和 OB 是直角边。（以……为……）

_____

（4）三角形 △ABC 中，∠A=30°，∠B=100°，那么∠C=？（已知……，求……）

_____

5 两个同学一组，一个同学读课文中任意一段，另一个同学根据所读内容画图或写出表达式

Work in pairs. One student reads any paragraph of the text, and the other draws the graphic or writes down the expression correspondingly.

6 扩展阅读　Extensive reading.

（一）

在坐标轴中画一条直线，只要找出这条直线上的任意两点就可以了。通常是找出直线与两个坐标轴的交点。例如直线与 x 轴相交于点 A（-6，0），与 y 轴相交于点 B（0，3），过 A、B 两点就可以画出这条直线。

坐标轴　zuòbiāo zhóu　coordinate axes
只要　zhǐyào　连　as long as, provided

（1）根据短文内容选择正确答案
Choose the correct answers according to the passage.
① 在坐标轴中画一条直线时，（　　）
　A. 必须找出直线与一个坐标轴的交点
　B. 只要找出 A 点和 B 点

C. 只要找出直线上的任何两点就可以

D. 找出（-6, 0）和（0, 3）

② 以下各选项中不正确的是：（　　）

A. 点 A 是直线与 x 轴的交点

B. 点 B 是直线与 y 轴的交点

C. 画这条直线，随便找出直线上的一点就可以

D. 点 A、B 都在这条直线上

③ 这段话主要告诉我们：（　　）

A. 如何在坐标轴上画一条直线

B. 如何找出直线上任意两点

C. 直线与 x 轴、y 轴相交

D. 过 A、B 两点可以做出直线

（2）根据短文内容，试着在下面的坐标轴中画出这条直线

Try to draw the straight line in the following coordinate system according to the passage.

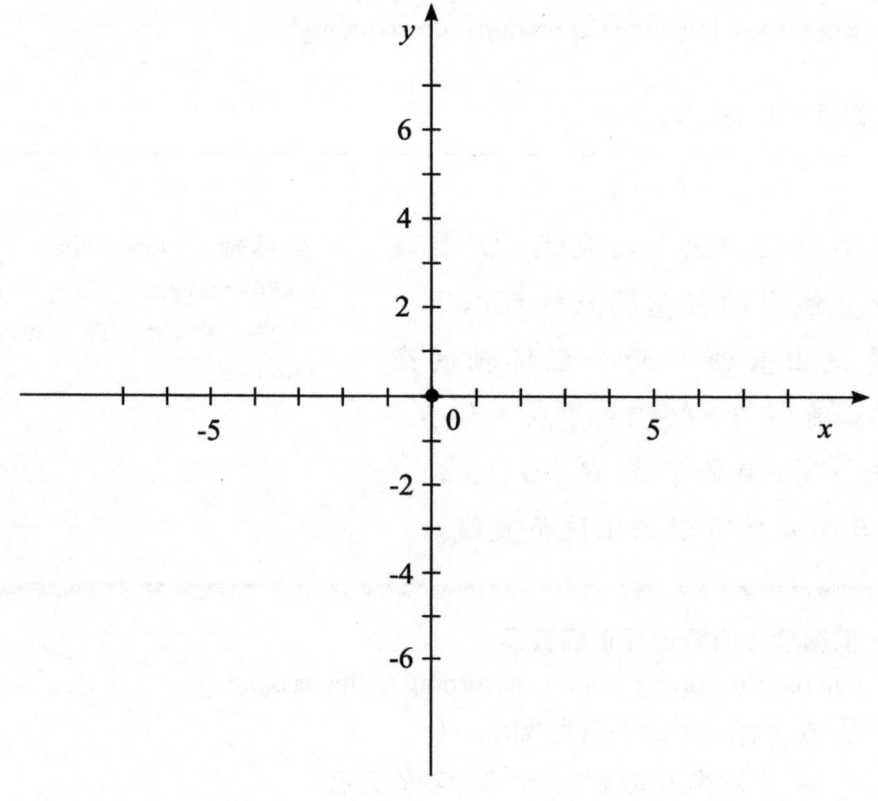

（二）

已知∠AOB，以点O为圆心，以任意长为半径画弧，弧线与OA、OB交于M、N点。分别以点M、N为圆心，以大于1/2 MN的长度为半径画弧，两条弧线交于点P，过O、P点作射线。射线OP就是∠AOB的角平分线。

| 平分线 | píngfēnxiàn | 名 | bisector |

（1）根据短文内容判断下列句子的正误（对的画√，错的画×）
Decide if the sentences are true or false according to the passage. (true: √, false: ×)

① 以点O为圆心的弧线与OA、OB相交于两点。（　）

② 相交于P点的两条弧线是分别以点M、N为圆心，以任意长为半径画出的。（　）

③ OP是一条射线。（　）

④ 根据这段话，可以做出∠AOB的角平分线。（　）

（2）回答问题　Answer the questions.

① 这段话的主要意思是什么？

② 这段话中一共画了几条弧线？分别是怎样画出来的？

③ 说说这段话中各种线的相交情况。

（3）根据短文内容，试着画出下面这个角的角平分线
Try to draw the angular bisector of the following angle according to the passage.

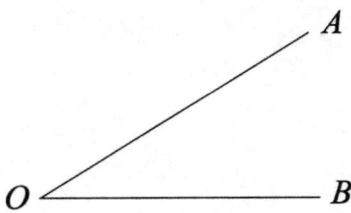

7 用指定词语进行成段表达
Express yourself in paragraphs with the words and expressions given in the brackets.

（1）如何做线段的中垂线。（分别、以……为……、相交于、过……）

（2）介绍一下几何变换现象。（包括、例如、旋转、平移）

8 根据下面的话，做出相应的操作或者运算
Do what is required according to the following sentences.

1. 以 O 为端点，作一条射线 OA。

2. 已知圆的半径为 3cm，求圆的面积。

3. 将一条直线 a 在平面内旋转 $90°$，得到 a 的垂线 b。将直线 a 向上平移，得到 a 的平行线 c。

4. 不等式两边同时减去任意相同的数，结果仍是不等式。

5. 已知三角形 $\triangle ABC$，分别作 AB、AC、BC 的中垂线 a、b、c，这三条直线相交于点 P。

9 手写体汉字认读　Recognize and read the following handwritten Chinese characters.

半径　　已知　　同时　　旋转　　根据

任意　　例如　　弧线　　平移

袁 隆平
Yuan Longping, a Chinese Agricultural Scientist

　　袁隆平，中国工程院院士，是中国当代杰出的农业科学家，享誉世界的"杂交水稻之父"。

　　袁隆平工作50多年来取得的科研成果使中国杂交水稻研究及应用领域领先世界水平，不仅解决了中国粮食自给难题，也为世界粮食安全作出了杰出贡献。

第九课 Lesson 9
运算与操作（物理）
Calculation and Operation (Physics)

学习目标 Objectives

1. 学会物理中运算与操作时常用的语言。
2. 学会下面的常用格式：
   （1）用……来……
   （2）从……起
   （3）若……
   （4）……表明……

一 学习词语 Vocabulary

科技词语 Words and phrases of science and technology

1. 量	liàng	名	amount, quantity	物理量 / 质量
2. 数值	shùzhí	名	numerical value	
3. 刻度尺	kèdùchǐ	名	graduated ruler	
4. 天平	tiānpíng	名	scale, balance	
5. 温度计	wēndùjì	名	thermograph, thermometer	
6. 大气	dàqì	名	atmosphere	

通用词语 Common words and phrases

1. 进行	jìnxíng	动	conduct, carry on	进行测量 / 进行讨论
2. 测量	cèliáng	动	measure	
3. 称	chēng	动	weigh	称质量 / 称重量

4.	测	cè	动	measure	测温度 / 测高度
5.	标	biāo	动	mark, label	标上箭头 / 标上符号
6.	箭头	jiàntóu	名	arrowhead, arrow	
7.	确定	quèdìng	动	determine, ascertain	
8.	通过	tōngguò	介	by means of, through	通过实验 / 通过测量
9.	取	qǔ	动	take, get	
10.	玻璃	bōli	名	glass	
11.	硬	yìng	形	hard, tough	硬纸片 / 硬木头
12.	盖	gài	动	cover	
13.	按	àn	动	press	
14.	倒置	dàozhì	动	place upside down	
15.	若	ruò	连	if	
16.	盛	chéng	动	fill, ladle	盛水 / 盛饭
17.	再	zài	副	another time, again	
18.	表明	biǎomíng	动	indicate, show	

练习 Exercises

1 根据汉字写拼音 Write *pinyin* according to the characters.

通过_____   测量_____   玻璃_____

盛_____   数值_____   温度计_____

2 根据拼音写汉字 Write characters according to the *pinyin*.

gàizhù _____   jìnxíng _____

quèdìng _____   chéng fàn _____

biǎomíng _____   dàqì _____

3 组词　Make words.

（1）温度＋计→温度计

体温＋计→（　　　）

血压＋计→（　　　）

电压＋计→（　　　）

（　　）＋计→（　　　）

（2）进＋行　→进行

飞＋行　→（　　　）

单＋行　→（　　　）

直＋行　→（　　　）

（　　）＋行　→（　　　）

（3）行＋驶　→行驶

行＋车　→（　　　）

行＋进　→（　　　）

行＋礼　→（　　　）

行＋（　　）→（　　　）

4 连线组成词组　Match the words in the two columns to make phrases.

称	箭头
量	质量
测	玻璃杯
标	长度
取	杯口
盖	纸片
按	温度

5 在（ ）中填入合适的词语　Fill in each blank with a suitable word.

> 通过　若　进行　表明　确定　再

（1）这个实验（　　　），加速度的大小与它受的力成正比。

（2）要得到准确的数据，必须（　　　）多次实验。

（3）我做完作业（　　　）看电视。

（4）（　　　）下面的已知条件，可以得到这样的结果。

（5）（　　　）没有摩擦阻力，运动的物体将永远运动下去。

（6）车载 GPS 根据卫星信号可以（　　　）汽车的位置。

二　学习格式　Useful Expressions

1. 用……来……

① 用刻度尺来量长度，用天平来称质量。

② 物理学中，经常用"F"来表示力。

③ 我们可以用做图的方法来表示力的大小和方向。

2. 从……起

① 从明天起，我要每天跑步半个小时。

② 从力的作用点起，沿力的方向画一条线段。

③ 从 A 点起，运动到 B 点。

3. 若……

① 若发生火灾，请速打 119。

② 直角三角形中，若两条直角边长分别为 4cm、6cm，求斜边长。

③ 已知 $a // b$，若 $a \perp c$，那么 $b \perp c$。

4. ……表明……

① 这表明大气有压强。

② 这个实验表明，物体之间力的作用是相互的。

③ 大量事实表明，现代生活已经离不开科学技术。

练习 Exercises

1 用"用……来……"连接 A、B 两组中的词语

Join the words and phrases in Column A and Column B with "用……来……".

例：用刻度尺来量长度

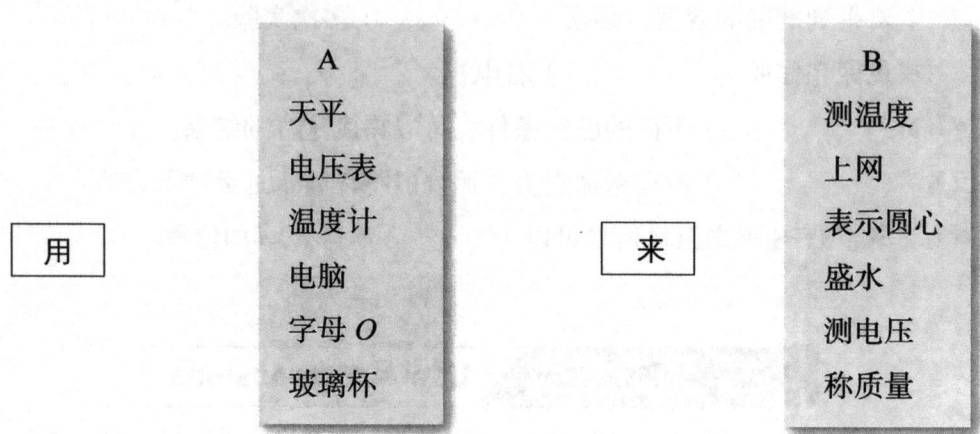

2 用括号里的格式改写下面的句子

Rewrite the sentences with the expressions given in the brackets.

（1）我从今天开始就是一名大学生了。（从……起）

_____

（2）同一种物质，如果体积增加到原来的两倍，质量有什么变化？（若……）

_____

（3）事实说明，4℃的水密度最大。（……表明……）

_____

（4）如果没有力的作用，运动的物体会渐渐停止。（若……）

_____

（5）上面的实验告诉我们，液体的压强随着深度增加而增大。（……表明……）

_____

（6）这辆汽车从路程的中点开始加速。（从……起）

_____

三 学习课文 Texts

（一）

要知道物理量的数值，必须进行测量。例如，用刻度尺来量长度，用天平来称质量，用温度计来测温度，用电流表或电压表来测电流或电压等等。

（二）

从力的作用点起，沿力的方向画一条线段，在线段的末端标上箭头。线段的长度表示力的大小，箭头的方向表示力的方向，线段的起点是力的作用点。

（三）

确定大气有压强可以通过下面的方法：取一玻璃杯，用硬纸片盖住杯口，手按住纸片，倒置杯子，放开手后，硬纸片立即下落。若在杯内盛满水后，再用硬纸片盖住杯口，手按住纸片，倒置杯子，放开手后，纸片不下落，水也不流出。这表明大气有压强。

练习 Exercises

1 根据课文内容判断下列句子的正误（对的画√，错的画×）
Decide if the sentences are true or false according to the texts. (true: √, false: ×)

（1）刻度尺可以用来测量长度。　　　　　　　　　　　　（　）
（2）所画线段以力的作用点为起点。　　　　　　　　　　（　）
（3）箭头标在线段的两端。　　　　　　　　　　　　　　（　）
（4）力的大小可以用线段的长度来表示。　　　　　　　　（　）
（5）课文三是一个实验过程。　　　　　　　　　　　　　（　）
（6）杯子里没有水时，放开手后，纸片不下落。　　　　　（　）

2 根据课文内容填空　Fill in the blanks according to the texts.

（1）要知道物理量的_____，必须_____测量。

（2）从力的_____起，沿_____画一条线段，在线段的_____标上箭头。

（3）确定大气压强可以_____下面的办法：_____一玻璃杯，用硬纸片_____杯口，手_____纸片，_____杯子，_____手后，硬纸片立即_____。

3 根据课文内容回答问题　Answer the questions according to the texts.

（1）刻度尺、天平、温度计、电流表和电压表分别可以用来做什么？

（2）所画线段的长度表示什么？箭头方向表示什么？

（3）线段的起点在哪儿？箭头在哪儿？

（4）纸片下落时是什么情况？

（5）杯子里盛满水后，实验的结果怎样？

（6）课文三的实验结论是什么？

4 在（　）里填上合适的补语　Fill in the blanks with suitable complements.

例：写（出）名字　　关（上）窗户

（1）盖（　　）杯口

（2）按（　　）纸片

（3）放（　　）手

（4）盛（　　）水

四 课外练习 Extra Exercises

1 看下面的图片,说出图片中物品的用处
Look at the pictures and try to tell what the objects are used for.

例:

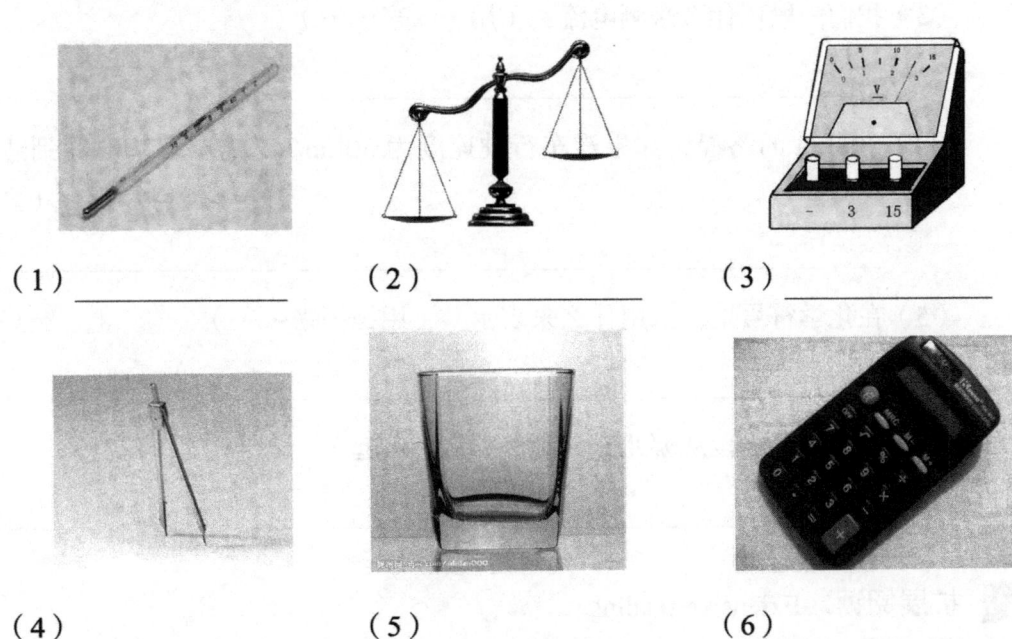

用刻度尺来量长度

(1) _____   (2) _____   (3) _____

(4) _____   (5) _____   (6) _____

2 用下面的词语组成句子 Make sentences with the given words and expressions.

(1) 温度计 来 我们 用 温度 测

→ _____

(2) 从……起 画 力的 线段 一条 作用点

→ _____

(3) 下面的 大气 确定 可以 通过 方法 有压强

→ _____

(4) 硬纸片 住 杯口 盖 用

→ _____

3 用括号中的词语回答问题

Answer the questions with the expressions given in the brackets.

（1）你从什么时候开始学习汉语的？（从……起）

_____

（2）这个实验的结果怎么样？（……表明……）

_____

（3）我们一般用什么来测电流？（用……来……）

_____

（4）200km 的路程，如果汽车行驶速度为 50km/h，需要多长时间到达终点？
（若……）

_____

（5）在化学符号里，水用什么来表示？（用……来……）

_____

（6）表示力的线段从哪儿开始画？（从……起）

_____

4 扩展阅读　Extensive reading.

薄板的重心位置可以用悬挂法来确定。先在薄板上取一个点 A，用绳子在这个点将薄板悬挂起来，沿绳子的方向作一条竖线 AB，即重力作用线。由于物体所受重力跟绳子的拉力在同一条直线上，可知重心一定在 AB 上。再在薄板上取另一个点 D，悬挂薄板，同样做一条重力作用线 DE，两条线相交于一点 C。C 点就是薄板的重心。	薄板　báobǎn　名　lamella, sheet metal 绳子　shéngzi　名　rope, string

（1）给这段短文加一个合适的标题　Give a suitable title to this passage.

　　_____

（2）根据短文内容判断下列句子的正误（对的画√，错的画×）
　　　Decide if the sentences are true or false according to the passage. (true: √, false: ×)

　　　① 薄板一共悬挂了两次。　　　　　　　　　　　　（　　）
　　　② A、B 是薄板的悬挂点。　　　　　　　　　　　　（　　）
　　　③ 直线 AB 是薄板的一条重力作用线。　　　　　　 （　　）
　　　④ 这个方法用来确定薄板的重心。　　　　　　　　（　　）

（3）回答问题　Answer the questions.

　　　① 这个方法的名字叫什么？

　　　② 薄板的重心是哪个点？

　　　③ 说说 AB、DE 分别是怎样做出来的。

5　用括号里的词语进行成段表达
Express yourself in paragraphs with the words and expressions given in the brackets.

（1）怎样用做图的方法表示力？（从……起、沿……方向、标上、表示）

（2）复述课文三的实验。（通过、用、若、再、表明）

6 想一想，猜一猜 Think and guess.

两个完全相同的玻璃瓶，一个盛满沙，另一个盛满水，放在同一斜面上滑下，哪个瓶子滚得比较快？想想看，为什么？

7 手写体汉字认读 Recognize and read the following handwritten Chinese characters.

数值　　表明　　掂　　玻璃　　刻度尺　　进行

称　　　标　　　取　　通过　　倒置　　　若

Wùlǐ
物理 Physics

"Wùlǐ" yì cí zuì xiān chūzì Xīlàwén, yuányì shì zhǐ zìrán. Gǔshí Ōuzhōurén
"物理"一词最先出自希腊文，原意是指自然。古时 欧洲人
chēnghu wùlǐxué wéi "zìrán zhéxué". Cóng zuì guǎngfàn de yìyì shang lái shuō, wùlǐxué
称呼 物理学为"自然哲学"。从 最 广泛 的意义 上 来说，物理学
jí yánjiū dàzìrán xiànxiàng jí guīlǜ de xuéwèn. Hànyǔ、Rìyǔ zhōng "wùlǐ" yì cí yuánzì
即研究 大自然 现象 及规律的 学问。汉语、日语 中 "物理"一词 源自
Míngmò Qīngchū kēxuéjiā Fāng Yǐzhì de《Wùlǐ Xiǎo Shí》, shì kǎochá shìwù de xíngtài hé
明末 清初 科学家 方 以智的《物理小识》，是考察事物的形态和
biànhuà、zǒngjié yánjiū tāmen de guīlǜ de yìsi.
变化、总结 研究它们 的规律 的意思。

第十课 运算与操作（化学）
Lesson 10 Calculation and Operation (Chemistry)

学习目标 Objectives

1. 学会化学中运算与操作时常用的语言。
2. 学会下面的常用格式：
   （1）先……，再……，然后……，最后……
   （2）是否

一 学习词语 Vocabulary

科技词语 Words and phrases of science and technology

1.	过氧化钠	guòyǎnghuànà	名	sodium peroxide	（化学式为 Na_2O_2）
2.	氢气	qīngqì	名	hydrogen	（化学式为 H_2）
3.	氧化铜	yǎnghuàtóng	名	cupric oxide	（化学式为 CuO）
4.	反应	fǎnyìng	名	reaction	化学反应/氧化反应
5.	氧	yǎng	名	oxygen	（化学符号为 O）
6.	还原	huányuán	动	reduce	
7.	氧化	yǎnghuà	动	oxidize, oxidate	
8.	试管	shìguǎn	名	test tube	
9.	溶液	róngyè	名	solution	
10.	过滤	guòlǜ	动	filter, filtrate	
11.	沉淀	chéndiàn	动	precipitate	
12.	滤液	lǜyè	名	filtrate	
13.	稀	xī	形	watery, diluted	溶液很稀/稀硝酸
14.	硝酸	xiāosuān	名	nitric acid	
15.	溶解	róngjiě	动	dissolve	

通用词语　Common words and phrases

1. 火焰　　huǒyàn　　　名　　flame
2. 得到　　dédào　　　动　　get, obtain
3. 加入　　jiārù　　　动　　add, put in　　在试管里加入溶液
4. 观察　　guānchá　　动　　watch, observe
5. 上述　　shàngshù　　形　　above-mentioned　　上述实验 / 上述材料
6. 滴　　　dī　　　　动/量　drip; drop　　一滴泪水滴在了衣服上。

练习　Exercises

1 根据汉字写拼音　Write *pinyin* according to the characters.

氢气_____　　氧气_____　　过滤_____

沉淀_____　　生成_____　　反应_____

2 根据拼音写汉字　Write characters according to the *pinyin*.

shīqù _____　　　　　　shàngshù _____

shìfǒu _____　　　　　　yì dī shuǐ _____

guānchá _____　　　　　biànhuà _____

3 朗读下列词语并组词　Read the following words aloud and try to make new words.

例：氧（+气）→ 氧气
　　　（+化）→ 氧化　（+钠）→ 氧化钠　（+过）→ 过氧化钠
　　　　　　　（+铜）→ 氧化铜

（1）氢（+气）→ _____
　　　　（+化）→ _____　（+钠）→ _____
　　　　　　　　　　　　　　　　jiǎ
　　　　　　　　　　　　　　（+钾）→ _____

（2）氯（+气）→ _____
　　　（+化）→ _____　（+钠）→ _____
　　　　　　　　　　　　　　　（+钙 gài）→ _____

4 在下面的每组词语中找出不属于同一类的词语
Please find out the word in each group that isn't of the same kind as the others.

例：A. 钠　　　B. 铜　　　C. 钾　　　D. 钱　　　（ D ）
（1）A. 氢气　B. 氧气　C. 氧化　D. 氯气　（　）
（2）A. 沉淀　B. 溶解　C. 溶液　D. 过滤　（　）
（3）A. 氧化　B. 还原　C. 氢化　D. 氢气　（　）
（4）A. 试管　B. 硝酸　C. 氧化铜　D. 过氧化钠　（　）

5 在（　）中填入合适的词语　Fill in each blank with a suitable word.

> 生成　　是否　　观察　　上述

（1）在（　　　）实验中，我们可以证明大气有压强。

（2）钠与氧气发生反应（　　　）白色的氧化钠。

（3）你（　　　）同意他的看法？

（4）我们在（　　　）钠燃烧时，发现火焰的颜色呈黄色。

6 学习下列关于"得"的动词，并搭配合适的宾语
Learn the following verbs with "得", and match them with suitable objects.

得到　　　　　　氧原子
　　　　　　　　结果
得出　　　　　　成功
　　　　　　　　机会
求得　　　　　　氢原子
　　　　　　　　$a // b$
取得　　　　　　进步
　　　　　　　　结论
　　　　　　　　$x=2$

二 学习格式　Useful Expressions

1. 先……，再……，然后……，最后……
   ① 先在烧杯里加一些水，然后把一小块钠投入水中。
   ② 中国人吃饭时，先吃凉菜，再吃热菜和米饭，然后喝汤，最后还会吃一点儿水果。
   ③ 老师要求我们先自己思考这个问题，然后各自回答，最后找出最好的答案。

2. 是否
   ① 电池使用是否得当，对电池的寿命有很大影响。
   ② 哪种化学物质可以检验出酒精中是否含有水？
   ③ 水变成冰后，体积是否改变？

练习　Exercises

1 用"是否"改写下面的句子　Rewrite the sentences with "是否".

（1）石蜡溶于水吗？
　　_____

（2）这两个实验现象相同吗？
　　_____

（3）将 100ml 水与 100ml 酒精混合，所得体积是不是等于 200ml？
　　_____

（4）判断下面的选项是不是正确。
　　_____

2 用"先""再""然后""最后"填空
Fill in the blanks with "先", "再", "然后" or "最后".

（1）按照实验步骤（　　　　）做这个实验，（　　　　）将实验结果记录下来。

（2）这个问题大家（　　　　）进行小组讨论，（　　　　）小组代表发言，（　　　　）老师总结发言。

（3）将这个溶液加热后，（　　　　）过滤。

三 学习课文 Texts

（一）

钠在空气中燃烧，生成过氧化钠，并发出黄色的火焰。

（二）

在氢气与氧化铜的反应中，氧化铜失去氧发生还原反应，氢气得到氧发生氧化反应。

（三）

请试着做下面的实验：

先在一支试管里加入少量 $CuSO_4$ 溶液，再加入少量 $NaCl$ 溶液，观察有无变化。

在另一支试管里加入 5ml $CuSO_4$ 溶液，再加入 5ml $BaCl_2$ 溶液，然后过滤。观察沉淀和滤液的颜色。

最后在第三支试管里加入少量上述滤液，并滴加 $AgNO_3$ 溶液，观察沉淀的生成。再滴加稀硝酸，观察沉淀是否溶解。

词语例释　Expressions used in sentences

并

① 观察并记录这个化学实验。

② 碳可以在空气中燃烧，生成二氧化碳并发光、放热。

③ 他参加了这次演讲比赛，并取得了第二名的好成绩。

练习　Exercises

1 根据课文内容判断下列句子的正误（对的画√，错的画×）

Decide if the sentences are true or false according to the texts. (true: √, false: ×)

（1）钠燃烧后，可以成为过氧化钠。　　　　　　　　　　　　　　（　　）

（2）过氧化钠是黄色的。　　　　　　　　　　　　　　　　　　　（　　）

（3）氢气与氧化铜的反应中，只有还原反应。　　　　　　　　　　（　　）

（4）课文三中，第一支试管里加入了两种溶液。　　　　　　　　　（　　）

（5）课文三中，第三支试管里加入的滤液来自第二支试管。　　　　（　　）

（6）课文三中，加入稀硝酸后，要求观察沉淀的颜色。　　　　　　（　　）

2 根据课文内容填空　Fill in the blanks according to the texts.

（1）钠在空气中燃烧，_____过氧化钠，并_____黄色的火焰。

（2）氧化铜_____氧_____还原反应，氢气_____氧_____氧化反应。

（3）_____在一支试管里加入少量 $CuSO_4$ 溶液，_____加入少量 NaCl 溶液，观察_____变化。

（4）最后在第三支试管里加入少量_____滤液，_____滴加 $AgNO_3$ 溶液，观察沉淀的生成。

3 根据课文内容回答问题　Answer the questions according to the texts.

（1）钠怎样变成过氧化钠？

（2）氢气与氧化铜的反应中，怎样发生还原反应？怎样发生氧化反应？

（3）课文三中一共用了几支试管，试管里分别有什么溶液？

（4）课文三中的实验分为几步？每步分别有什么要求？

四 课外练习　Extra Exercises

1 根据下面的表格写出相应的汉语词语或化学表达式
Write down Chinese words or chemical formulas according to the following table.

汉语表达	汉语拼音	化学符号	英语名称
氧	yǎng	O	oxygen
氢	qīng	H	hydrogen
氯	lǜ	Cl	chlorine
钠	nà	Na	natrium
铜	tóng	Cu	copper
钾	jiǎ	K	kalium
钙	gài	Ca	calcium
碳	tàn	C	carbon
硫	liú	S	sulfur

氧化钠：_____　　氢化钾：_____　　氯化钠：_____

氯化钙：_____　　一氧化碳：_____　二氧化碳：_____

CuO：_____　　　NaH：_____　　　CaCl：_____

SO：_____　　　　SO_2：_____　　　SO_3：_____

2 选词填空　Choose the correct words to fill in the blanks.

（1）钠受热后，与氧气剧烈反应，_____淡蓝色的火焰。（发生　发出　发放）

（2）氢气在空气中燃烧，可以_____水。（发生　生成　发出）

（3）铜和氧气能够_____氧化反应。（发生　发明　发出）

（4）在第一支试管里_____少量 NaCl 溶液。（加上　加法　加入）

（5）第二支试管中的液体需要进行_____。（滤液　过滤　溶液）

3 句子排序　Put the sentences in the right order.

A. 然后在"格式"的下拉菜单中选择"项目符号与编号"

B. 在 Word 文档中，为几个段落加上项目符号，可以按照下述步骤做

C. 最后选择自己需要的符号或者编号

D. 先选定需要编辑的段落

E. 再单击"格式"按钮

正确顺序：_____

4 扩展阅读　Extensive reading.

氢气在加热条件下，能够将黑色的氧化铜还原为红色的金属铜，同时生成水。

氢气还原氧化铜时，应该先排除试管内的空气，避免发生爆炸危险，所以反应时先通氢气再加热。当反应结束时，为了防止金属铜在高温的时候与氧气发生氧化反应，应该先停止加热，最后停止通氢气。

排除	páichú	动	remove, clean out
避免	bìmiǎn	动	avoid
爆炸	bàozhà	动	explode
通	tōng	动	connect, link
防止	fángzhǐ	动	prevent, avoid

（1）根据短文内容选择正确答案

Choose the correct answers according to the passage.

① 这个实验的目的是：(　　)

　A. 加热氢气

　B. 将氧化铜还原成金属铜

　C. 生成水

　D. 排除试管内的空气

② 金属铜在高温下可能发生的反应是：(　　)

　A. 还原反应

　B. 氧化反应

C. 爆炸

D. 没有反应

③ 下列说法正确的是：（   ）

A. 氧化铜的颜色呈红色

B. 反应开始时不排除空气，可能发生爆炸

C. 反应结束时应该先通氢气再加热

D. 实验的最后一步是停止加热

（2）将这个实验的步骤用"先""再""最后"等词连接起来，然后复述
Retell the steps in the experiment using sequence words like "先", "再" and "最后", etc.

5 手写体汉字认读   Recognize and read the following handwritten Chinese characters.

氢气   氧气   反应   还原   溶液   滤液

溶解   火焰   观察   过氧过钠   氧化铜

Yǎngqì、Qīngqì、Dànqì
氧气、氢气、氮气
Oxygen, Hydrogen and Nitrogen

有一批装满气体的钢制瓶子，从瓶子外表无法辨认里面装的是哪种气体，可能是氧气、氢气、氮气三种气体，但怎么才能确定呢？下面是一种鉴别方法：

将所有的瓶子编上号，然后分别用试管装入少许气体，接着把点着的火柴放入试管口。如果火柴燃烧得更旺，这是氧气（因为氧气助燃）；如果发出爆鸣响声或者气体燃烧，就是氢气；如果火柴马上熄灭，则是氮气。

你还有别的方法吗？

第十一课 Lesson 11
指令与要求 Instructions and Directions

学习目标 Objectives

1. 学会指令与要求的汉语表达方法。
2. 学会下面的常用格式：
   （1）V+出
   （2）须+V……
   （3）将……V+入 / 在 / 到

一 学习词语 Vocabulary

科技词语 Words and phrases of science and technology

1. 计算器	jìsuànqì	名	calculator	
2. 成分	chéngfèn	名	component, element	
3. 含量	hánliàng	名	content	咖啡中咖啡因的含量很多。
4. 放大镜	fàngdàjìng	名	magnifier	
5. 代入	dàirù	动	substitute	将 $x=2$ 代入方程
6. 将	jiāng	介	similar to "把", usually used in written language	将水倒入杯中
7. 代数式	dàishùshì	名	algebraic expression	
8. 消	xiāo	动	eliminate, remove	

通用词语 Common words and phrases

1.	须	xū	助动	must	计算结果须准确。
2.	注明	zhùmíng	动	give clear indication of	试卷上要注明班级和国籍。
3.	洗涤	xǐdí	动	wash	洗涤衣服时要看清洗涤说明。
4.	方法	fāngfǎ	名	method, way	
5.	水滴	shuǐdī	名	water drop	
6.	制作	zhìzuò	动	make, fabricate	用铁可以制作很多东西。
7.	做法	zuòfǎ	名	way to do sth.	
8.	放置	fàngzhì	动	put, place	食物长时间放置不好。
9.	微小	wēixiǎo	形	tiny	
10.	某	mǒu	代	some, certain	

练习 Exercises

1 根据汉字写拼音 Write *pinyin* according to the characters.

消_____ 洗涤_____ 含量_____

滴_____ 微小_____ 代入_____

2 根据拼音写汉字 Write characters according to the *pinyin*.

jìsuànqì _____ hánliàng _____

fàngzhì _____ fàngdàjìng _____

zhùmíng _____ zhìzuò _____

3 连线组成词组　Match the words in the two columns to make phrases.

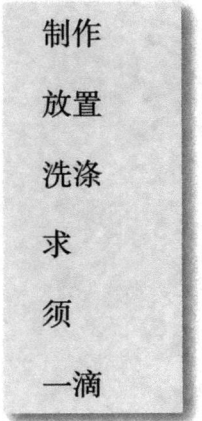
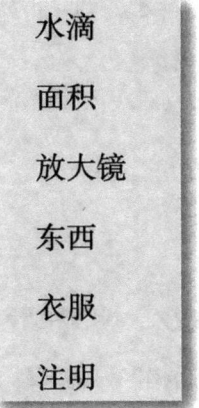

4 用所学词语填空　Fill in the blanks with the words or phrases learned in this lesson.

（1）用_____计算数字很方便。

（2）已知三角形的_____和高，可以计算出三角形的面积。

（3）用水滴可以_____放大镜。

（4）用放大镜可以看清_____的物体。

（5）_____ $a = 3$ 代入方程。

（6）我们常常用 x 或者 y 表示_____。

二　学习格式　Useful Expressions

1. V + 出 ……
   ① 已知三角形的底和高，求出三角形面积。
   ② 找出相似的图形。
   ③ 列出一天的时间表。
   ④ 查出"好"的正确发音。
   ⑤ 标出你在教室里的座位。

2. 须 + V ……

①介绍自己时,须说明姓名、年龄、国籍等。

②食品须注明生产日期。

③计算后须把结果写在纸上。

④这种东西须放置十分钟再使用。

3. 将…… V + 入 / 在 / 到

①将糖放入水中,糖会慢慢变少,水会慢慢变甜。

②将 $x1$, $x2$ 分别代入方程,得出 $y1$, $y2$。

③将寄信人地址写在信封的左上角。

④将画贴到墙上。

练习 Exercises

1 用括号里的词语改写下面的句子

Rewrite the sentences with the words given in the brackets.

(1)他把书拿走了。(将)

_____

(2)把水倒入杯中。(将)

_____

(3)一定要说明迟到的原因。(须)

_____

(4)必须写上姓名。(须)

_____

(5)必须在八点半以前到。(须)

_____

2　两人一组，阅读下列句子，并讨论句子的意思
Work in pairs. Read these sentences and discuss their meanings.

（1）请求出三角形的面积。

（2）请在纸上标出教室中物品的位置。

（3）请向同伴说明你的爱好。

（4）将桌子上的用品放入书包。

（5）须将手机关机。

（6）须互相向同伴提出一个问题，请对方回答。

3　3~4人一组，说说下列词语可以和哪些词语搭配，然后比一比哪组说出的数量多
Work in groups of 3 to 4. Think about the words or expressions that can be used together with the following words or patterns. Say as many as you can and see which group contributes the most.

（1）V+出

（2）须

（3）将

（4）已知……，求……

三　学习课文　Texts

（一）

不使用计算器，计算出 15×15 的结果。

（二）

饮料须注明成分含量。衣服须注明洗涤方法。

（三）

用水滴可以制作成放大镜。做法是：取一块薄一点儿的玻璃板，把一滴水滴在玻璃板上，在玻璃板下面放置一个用眼睛看不清楚的小物体。这时水滴成为一个放大镜，我们可以清楚地看到玻璃板下面的微小物体了。

（四）

数学中常常用代入法解二元一次方程组。代入法就是将方程组中一个方程的某个未知数用含有另一个未知数的代数式表示出来，代入另一个方程中，消去一个未知数，得到一个一元一次方程，最后求得方程组的解。

练习 Exercises

1 根据课文内容判断下列句子的正误（对的画 √，错的画 ×）
Decide if the sentences are true or false according to the texts. (true: √, false: ×)

（1）不使用计算器，不能计算出 15×15 的结果。　　　　（　　）
（2）饮料中的成分含量不一定要写出来。　　　　　　　　（　　）
（3）在衣服上，一定要写清衣服的洗涤方法。　　　　　　（　　）
（4）用水滴可以做放大镜。　　　　　　　　　　　　　　（　　）
（5）做放大镜只需要一块玻璃板。　　　　　　　　　　　（　　）
（6）微小的物体要放在玻璃板的上面。　　　　　　　　　（　　）
（7）使用放大镜可以看见用眼睛看不清的物体。　　　　　（　　）
（8）代入法可以用来解二元一次方程组。　　　　　　　　（　　）

2 根据课文内容填空　Fill in the blanks according to the texts.

（1）不_____计算器，计算出 15×15 的_____。

（2）饮料须注明_____，衣服须注明_____。

（3）用_____可以制作成放大镜。

（4）在_____下面_____一个用眼睛看不清楚的_____。

（5）可以_____玻璃板下面的微小物体。

3 用指定词语回答问题
　　Answer the questions with the words or expressions given in the brackets.

（1）对制作饮料的人有什么要求？（须注明……）

（2）生产衣服的人需要做什么？（须……）

（3）用水滴可以做什么？（制作）

（4）怎么用水滴做放大镜？（取……，把……，在……下面放置……）

（5）什么是代入法？（将……用……表示出来，代入……中，消去一个……，得到……，最后求得……）

四　课外练习　Extra Exercises

1 组词　Make words.

（1）~形：三角形　正方形

　　　____形　____形　____形　____形

（2）~明：注明　标明

　　　____明　____明　____明　____明

（3）制~：制造　制作

制＿＿＿　制＿＿＿　制＿＿＿　制＿＿＿

2 用下面的词语组成句子　Make sentences with the given words and expressions.

（1）可乐　注明　成分　和　含量　须　都　矿泉水

→＿＿＿＿＿＿＿＿＿＿＿＿＿＿＿＿＿＿＿

（2）洗涤　须　毛衣　注意　洗涤　方法

→＿＿＿＿＿＿＿＿＿＿＿＿＿＿＿＿＿＿＿

（3）薄　放大镜　玻璃板　需要　一块　一点儿　的　取　制作

→＿＿＿＿＿＿＿＿＿＿＿＿＿＿＿＿＿＿＿

（4）放置　玻璃板　物体　一个　下面　小　在

→＿＿＿＿＿＿＿＿＿＿＿＿＿＿＿＿＿＿＿

3 想一想，说一说　Think and say.

（1）你能制作一个放大镜吗？

（2）你还可以制作什么简单的东西？怎么做？

4 扩展阅读　Extensive reading.

解数学题时，常常通过已知条件，用数学定理和公式来求出结果。例如：已知直角三角形的两个边，可以求出第三边。已知三角形的三个边长，能计算出它的面积。已知长方形的长和宽，能计算出面积。所以，很好地使用已知条件，对成功解题很有帮助。	定理　dìnglǐ　名　theorem 公式　gōngshì　名　formula 成功　chénggōng　动　succeed, be successful

（1）从文中找出能说明这段短文主要意思的句子
Find the topic sentence of the passage.

_____

（2）回答问题　Answer the questions.
① 解题时，常常怎么求出结果？

② 知道直角三角形的两个边，可以求出什么？

③ 已知三角形的三个边长，能计算出什么？

④ 已知长方形的长、宽，能算出面积吗？

（3）和同学一起讨论：怎么才能成功解题？
Discuss with your classmates about how to solve a problem successfully.

5　小游戏：你说我做　Game: You say, and I do.

（1）两个人一组，运用本课学到的表示指令的词语，一个同学说指令，另一个同学按指令做。

Work in pairs. One gives instructions, and the other acts accordingly. (Use the words indicating instructions you've learned in this lesson.)

（2）一个或两个同学到黑板前，说出各种指令，让大家做。

One or two students stand in front of the blackboard and give instructions, and the rest of the class act accordingly.

6　手写体汉字认读　Recognize and read the following handwritten Chinese characters.

计算器　注明　成分　含量　制作

放大镜　玻璃板　物体　微小　未知数

智能汽车 Intelligent Automobile

清华V型智能车是清华大学计算机系智能技术与系统国家重点实验室在中国科学院院士张钹主持下研制的新一代智能移动机器人，它兼有面向高速公路和一般道路的功能。设计车速高速公路为80 km/h，一般道路为20 km/h。这种智能车目前已能够在校园的非结构化道路环境下进行道路跟踪和避障自主行驶。汽车的智能化可以减轻驾驶员的疲劳，适应复杂的天气条件，减少交通事故的发生。

第十二课 Lesson 12

分类与举例
Categorization and Exemplification

学习目标 Objectives

1. 学会分类与举例的简单表示方法。
2. 学会下面的常用格式：
   （1）一类是……，另一类是……
   （2）如（比如/比如说）
   （3）以……为例

一 学习词语 Vocabulary

科技词语 Words and phrases of science and technology

1. 角	jiǎo	名	angle	角的符号：∠ 直角符号：Rt∠
2. 锐角	ruìjiǎo	名	acute angle	大于0°而小于90°的角叫锐角。
3. 钝角	dùnjiǎo	名	obtuse angle	大于90°而小于180°的角叫钝角。
4. 张力	zhānglì	名	tension	
5. 机械运动	jīxiè yùndòng	名	mechanical motion	机械运动是物质运动形态中最简单的一种运动。
6. 受力	shòulì	名	pressure, force	

通用词语 Common words and phrases

1. 分类	fēnlèi	动	categorize	把东西分分类
2. 类	lèi	名	category	

3.	命名	mìng míng		name, give a name to	这所大学以这座城市的名字命名。
4.	效果	xiàoguǒ	名	effect	
5.	位置	wèizhì	名	position	
6.	随着	suízhe	介	along with	物体的位置随着时间而改变。
7.	轮船	lúnchuán	名	steamboat, steamship	
8.	航行	hángxíng	动	navigate by water, sail	轮船在海上航行。
9.	情况	qíngkuàng	名	situation	请说一下你的学习情况。
10.	搜集	sōují	动	gather, collect	搜集有用的资料
11.	资料	zīliào	名	material, data	
12.	上网	shàng wǎng		surf the Internet	
13.	搜索	sōusuǒ	动	search	上网搜索资料。
14.	该	gāi	代	this, that	该校 / 该学生
15.	专题	zhuāntí	名	special or designated topic or subject	

练习 Exercises

1 根据汉字写拼音 Write *pinyin* according to the characters.

位置_____   随着_____   行驶_____

轮船_____   航行_____   情况_____

搜集_____   搜索_____

2 根据拼音写汉字 Write characters according to the *pinyin*.

fēnlèi _____   gēnjù _____

mìng míng _____   xiàoguǒ _____

hángxíng _____   zīliào _____

zhuāntí _____

3 朗读并说明下列词语的意思
Read the words and phrases aloud and tell their meanings.

~角：锐角　　直角　　钝角　　平角

　　　负角　　正角　　0角　　周角

~类：一类　　另一类　　分类　　类别　　人类

该~：该校　　该专题　　该人　　该地

4 画出下列图形　Please draw the following shapes.
三角形　　　　　　锐角三角形　　　　　　钝角三角性

等边三角形　　　　等腰三角形

5 下图中包括哪些图形? 跟你的同伴一起讨论一下，最后写下来
What figures are there in the picture below? Discuss with your partner and write them down.

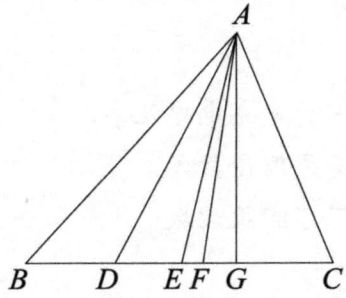

6 连线组成词组　Match the words in the two columns to make phrases.

7 在（　）中填入合适的词语　Fill in each blank with a suitable word.

> 分类　　随着　　位置　　命名　　搜集　　效果

（1）（　　　　）城市的发展，水污染越来越严重。

（2）这种学习方法的（　　　　）很好。

（3）事物的（　　　　）方法有很多。

（4）考试时学生们必须按照指定的（　　　　）就坐。

（5）重力是根据力的性质（　　　　）的。

（6）写论文时需要（　　　　）一些资料。

二　学习格式　Useful Expressions

1. 一类是……，另一类是……

　　① 电池可以分为两类：一类是一次性电池，另一类是充电电池。

　　② 数学可以分成两类：一类是应用数学，另一类是理论数学。

　　③ 垃圾有两类：一类是可回收垃圾，另一类是不可回收垃圾。

2. 如（比如/比如说）

① 我们学过很多定理，如欧姆定律、牛顿第二定律。

② 家用电器很多，比如：冰箱、电视、空调等。

③ 各种物体中的物质有多有少，比如说，一桶水比一瓶水的物质多。

3. 以……为例

① 现在我们以最简单的多边形——三角形为例研究一些问题。

② 以数学课为例，讨论学习方法。

③ 以本班同学为例，说明课后复习的重要性。

练习　Exercises

1 用括号里的词语或格式改写下面的句子

Rewrite the sentences with the words or expressions given in the brackets.

（1）物质的变化有物理变化和化学变化。（一类是……，另一类是……）

_____

（2）学校里有自费学生和公费学生。（一类是……，另一类是……）

_____

（3）我们班的同学学习都很努力。阿里就是一位很努力的学生。（比如说）

_____

（4）我认识很多非常好的老师，像王老师。（如）

_____

（5）用水来说明物质的变化。（以……为例）

_____

（6）用一个学生的学习成绩变化说明努力学习的重要性。（以……为例）

_____

2 2~3人一组，说说常用的用来举例的词语和表达分类的词语分别有哪些，讨论后写下来
Work in groups of 2 to 3. Talk about the Chinese words and expressions frequently used to give examples or make categorization. Write them down after the discussion.

3 与同伴互相提问并回答　Work with your partner. Ask questions and answer them.
（1）人分为几种？你是怎么给人分类的？

（2）人的皮肤颜色分几种？

（3）你是怎么给东西分类的？举例说明。

三 学习课文　Texts

（一）

　　三角形可以按照边的大小或角的大小来分类。按边的大小分为等边三角形、等腰三角形；按角的大小分为直角三角形、锐角三角形和钝角三角形。

（二）

　　力分为两类：一类是根据力的性质来命名的，如重力、弹力、摩擦力等；另一类是根据力的效果来命名的，如张力、压力、支持力、动力、阻力等。

（三）

　　物体的位置如果随着时间而改变，我们就说这个物体在做机械运动，简称运动。例如汽车在路上行驶，轮船在海上航行，飞机在

天空中飞行，都是物体运动的例子。我们可以以运动的汽车为例，分析物体的受力情况。

（四）

电脑的好处有很多，比如说可以方便我们搜集资料。你想调查某个专题，只要上网一搜索，就可以立刻找到很多与该专题有关的资料，非常方便。

练习　Exercises

1 根据课文内容判断下列句子的正误（对的画√，错的画×）
Decide if the sentences are true or false according to the texts. (true: √, false: ×)

（1）三角形只能按照边的大小来分类。　　　　　　　　　　（　　）
（2）等边三角形、等腰三角形分别是三角形的一种。　　　　（　　）
（3）直角三角形、锐角三角形和钝角三角形是按角的大小分类的。（　　）
（4）力有很多种。　　　　　　　　　　　　　　　　　　　（　　）
（5）可以根据性质和效果给力起名字。　　　　　　　　　　（　　）
（6）阻力是根据力的性质命名的。　　　　　　　　　　　　（　　）
（7）"行驶"是指各种车的运动。　　　　　　　　　　　　（　　）
（8）"飞行"是指轮船的运动。　　　　　　　　　　　　　（　　）
（9）从运动的汽车中可以分析物体的受力情况。　　　　　　（　　）
（10）能在网上搜集资料是电脑的好处之一。　　　　　　　（　　）

2 根据课文内容填空　Fill in the blanks according to the texts.

（1）三角形可以_____边的大小或角的大小来_____。

（2）三角形有直角三角形、_____和_____。

（3）我们可以根据力的性质来_____。

（4）_____力的效果来命名的有张力、压力、_____、动力、_____等。

（5）物体的位置如果_____时间_____改变，我们就说这个物体在做_____，_____运动。

（6）课文中说的"汽车在路上行驶"是物体运动的一个_____。

（7）只要上网_____，就可以立刻找到很多与_____有关的资料。

3 根据课文内容回答问题　Answer the questions according to the texts.

（1）怎么给三角形分类？

（2）力有几种？分别是什么？

（3）什么是机械运动？请举例说明。

（4）上网的好处是什么？

4 从课文一中找出一句话来概括该文的主要意思
Please find one sentence in Text 1 to summarize its main idea.

四　课外练习　Extra Exercises

1 说出下列物品的类别　Tell which categories they belong to.

2　下列说法是否正确？　Are these statements true or false?

（1）所有的事物一般只有一种分类方法。　　　　　　　　（　）

（2）事物可以按照各种各样的类别来划分。　　　　　　　（　）

（3）我们常常用举例的方法来说明问题。　　　　　　　　（　）

（4）运动是机械运动的一种。　　　　　　　　　　　　　（　）

（5）飞机在天空中飞行是物体运动的一种。　　　　　　　（　）

（6）所有的事物每天都在运动着。　　　　　　　　　　　（　）

3　组词　Make words.

（1）~角：直角　锐角

　　　____角　____角　____角

（2）~类：一类　分类

　　　____类　____类　____类

4　用下面的词语组成句子　Make sentences with the given words and expressions.

（1）等边三角形　边　的　大小　分成　按　等腰三角形　和　三角形

　　→ _____

（2）力　根据　性质　分为　效果　两类　和

　　→ _____

（3）根据　摩擦力　力　的　性质　命名　是……的

　　→ _____

（4）效果　命名　根据　可以　为　它

　　→ _____

（5）运动　机械运动　简称

　　→ _____

（6）资料　搜集　上网　他　想

　　→ _____

5 想一想，说一说　Think and say.

（1）分类有什么好处？

（2）如果要给水分类，一般怎么分？你能说出几种分法？

6 扩展阅读　Extensive reading.

同一种事物的分类方法各有不同。例如，力的分类方法，有的教材分成两种，有的分成四种。不同的分类方法是因为分类的角度不同。如力，按性质（即按产生的原因）分为重力、弹力、摩擦力、电磁力等；按效果分为压力、支持力、拉力、动力等；按作用方式分为场力、接触力；按研究对象分为内力、外力。	各有不同　gè yǒu bù tóng　differ from one another 教材　jiàocái　名　teaching material 电磁力　diàncílì　名　electromagnetic force 方式　fāngshì　名　manner, way 研究对象　yánjiū duìxiàng　object of study

（1）给这段短文加一个合适的题目　Give a suitable title to this passage.

_____

（2）为什么力的分类方法不同？写出原因
Why are the methods of classifying forces different? Please write down the reasons.

第十二课　分类与举例

7 分类游戏　Game of categorization.

（1）3~4人一组，给教室的物品分类。每组派一个同学在全班面前说出分类情况。

Work in groups of 3 to 4. Categorize the items in the classroom. Each group should send one speaker to tell their categorization to the class.

（2）请一个或两个同学到黑板前，其他同学随便说出一个东西，要求黑板前的同学说出它的类别。

One or two students are asked to stand in front of the blackboard. The other students say one object, and the student(s) before the blackboard give(s) its category.

8 手写体汉字认读　Recognize and read the following handwritten Chinese characters.

三角形　　等边　　等腰　　电磁力　　钝角　　按照

分类　　　资料　　根据　　性质　　　位置　　航行

分析　　　情况　　机械运动

玛丽·居里：两次获得诺贝尔奖的女性
Marie Curie, the Woman Who Won Two Nobel Prizes

玛丽·居里（Marie Curie），1867年出生于波兰，后来到法国留学。1895年，她和皮埃尔·居里（Pierre Curie）结婚。夫妻二人共同进行放射性物质的研究。1903年，居里夫妇获得了诺贝尔物理学奖。八年后，居里夫人又因为成功分离了镭元素而获得诺贝尔化学奖。居里夫人是历史上第一个获得诺贝尔奖的女性，也是第一个在不同领域获得两项诺贝尔奖的人。

第十三课 变换解释（说明）
Lesson 13　Explaining in Different Words

> **学习目标　Objectives**
>
> 1. 学会变换解释的汉语表达方法。
> 2. 学会下面的常用格式：
>   （1）换句话说（也就是说/亦即）
>   （2）一方面……，（另）一方面……
>   （3）反之（亦然）……

一　学习词语　Vocabulary

科技词语　Words and phrases of science and technology

1. 惯性	guànxìng	名	inertia	物体都有惯性。
2. 量度	liángdù	名	measurement	
3. 含	hán	动	contain	空气中含氧气。
4. 铁块	tiě kuài		piece of iron	将铁块放进水中。

通用词语　Common words and phrases

1. 由于	yóuyú	连	because of	由于温度变化，水变成了冰。
2. 信息	xìnxī	名	information	
3. 时代	shídài	名	times, age	
4. 需要	xūyào	动	need	
5. 知识	zhīshi	名	knowledge	

6.	文盲	wénmáng	名	illiterate person	以前把不认识字的人叫文盲。
7.	抽象	chōuxiàng	形	abstract	抽象的事物很难理解。
8.	衡量	héngliáng	动	measure, judge	不能用考试分数衡量一个人。
9.	各种	gè zhǒng		diversified, various	地球上存在各种物质。/ 同学们有各种想法。
10.	桶	tǒng	量	bucket	一桶水
11.	亦	yì	副	(formal) also, too	（古汉语词）

练习　Exercises

1　根据汉字写拼音　Write *pinyin* according to the characters.

亦＿＿＿＿＿＿　　　　由于＿＿＿＿＿＿　　　　文盲＿＿＿＿＿＿

桶＿＿＿＿＿＿　　　　惯性＿＿＿＿＿＿　　　　质量＿＿＿＿＿＿

量度＿＿＿＿＿＿　　　铁块＿＿＿＿＿＿　　　　元素＿＿＿＿＿＿

2　根据拼音写汉字　Write characters according to the *pinyin*.

chōuxiàng ＿＿＿＿＿＿＿＿　　　héngliáng ＿＿＿＿＿＿＿＿

zhīshi ＿＿＿＿＿＿＿＿　　　　xìnxī ＿＿＿＿＿＿＿＿

xūyào ＿＿＿＿＿＿＿＿　　　　hán ＿＿＿＿＿＿＿＿

3　朗读并学习下列词语　Read aloud and learn the following words and phrases.

~量（liáng）：衡量　测量　计量
　　（liàng）：质量　数量　降雨量
~性：惯性　习惯性　属性　实用性
~度：亮度　量度　程度　高度　难度　宽度
~块：铁块　冰块　石块

4 用所学词语填空 Fill in the blanks with the words and phrases learned in this lesson.

（1）_____的事物很难理解。

（2）信息_____，网络在人们的工作和生活中不可缺少。

（3）物体的质量可以_____惯性的大小。

（4）汽车突然停止时，人的身体会向前，这就是_____。

二 学习格式　Useful Expressions

1. 换句话说（也就是说/亦即）

　① 同一种物质，体积越大，质量越大。换句话说，同一种物质的质量与它的体积成正比。

　② 不同的运动，位置变化的快慢不同，也就是说，运动的快慢不同。

　③ 你知道那些东西是在哪儿生产的？亦即原产地在哪儿？

　④ 数学定理与物理定律的互变亦即抽象与具体的互变。

2. 一方面……，（另）一方面……

　① 很多人使用电脑，一方面是由于方便，另一方面也是因为价格合适。

　② 为了学好汉语，我们一方面认真上课，一方面课后认真复习和预习。

　③ 一方面要适应环境，一方面要保护环境。

3. 反之（亦然）……

　① 理工类学生转成文科容易，反之则难。

　② 运动要有度，反之对身体不好。

　③ 对他来说是好事，对我则反之。

　④ 人失去一些东西时，也一定能得到一些东西，反之亦然。

练习 Exercises

1 用括号里的词语或格式完成下面的句子
Complete the sentences with the expressions given in the brackets.

（1）我来中国学习有两方面原因：_____
_____。（一方面……，另一方面……）

（2）手机_____。
_____（一方面……，另一方面……）

（3）努力学习才能取得好成绩，_____。
（反之）

（4）南北季节相反：北半球是夏季时，南半球却是冬季，_____
_____。（反之亦然）

（5）一公斤_____。（亦即）

（6）人离不开水，_____。（换句话说）

2 两人一组，先阅读下列句子，再变换一种说法解释句子
Work in pairs. Read the sentences first, and then explain them in another way.

（1）氧气很重要。

（2）儿童每天必须至少睡8个小时。

（3）任何两个物体之间的作用总是相互的。

（4）力的作用是同时的。

（5）行驶的汽车不能马上停住。

3 2~3人一组，说说汉语中有哪些常用的表变换解释的词语，讨论后写下来
Work in groups of 2 to 3. Talk about the Chinese words and expressions frequently used to explain something in a different way. Write them down after the discussion.

三 学习课文 Texts

（一）

由于信息时代需要数学，因此学好数学很重要。在21世纪，没有一定的数学知识就是文盲。但是，怎么能学好数学呢？换句话说，有什么学好数学的方法呢？

（二）

惯性是个比较抽象的量，我们用什么来衡量惯性的大小呢？一方面，质量小的物体，运动状态容易改变，可以说它的惯性小；另一方面，质量大的物体，运动状态不易改变，它的惯性大。也就是说，物体的质量是物体惯性大小的量度。

（三）

各种物体所含的物质各有不同。例如，一桶水比一瓶水所含的物质多，大铁块比小铁块所含的物质多。亦即物体的质量就是物体所含物质的多少，所含物质越多，物体的质量也就越大；反之，所含物质越少，物体的质量就越小。

练习 Exercises

1 朗读下列句子，并体会应该在哪儿停顿
Read these sentences aloud and pause at the right places.
（1）惯性是个比较抽象的量。
（2）物体的质量是物体惯性大小的量度。

（3）各种物体所含的物质各有不同。

（4）物体的质量就是物体所含物质的多少。

2 根据课文内容判断下列句子的正误（对的画 √，错的画 ×）
Decide if the sentences are true or false according to the texts. (true: √, false: ×)

（1）"怎么能学好数学呢？"和"有什么学好数学的方法？"意思一样。（　　）

（2）惯性很抽象。（　　）

（3）质量大的物体容易改变运动状态。（　　）

（4）物体的质量可以衡量物质惯性的大小。（　　）

（5）物体的质量与惯性成反比。（　　）

（6）在一桶水和一瓶水中，所含的物质各有不同。（　　）

（7）物体的质量即物体所含物质的多少。（　　）

（8）物体的质量与所含物质成正比。（　　）

3 根据课文内容填空　Fill in the blanks according to the texts.

（1）_____是个比较抽象的_____。

（2）质量小的物体，运动状态_____。

（3）物体的_____是物体惯性大小的_____。

（4）各种物体所_____的_____各有不同。

（5）一_____水比一_____水所含的物质多。

4 根据课文内容回答问题　Answer the questions according to the texts.

（1）物体的质量和惯性是什么关系？

（2）不同物体中所含的物质是否相同？

5 课文二和课文三的主要意思是什么？分别写出来
What are the main ideas of Text 2 and Text 3? Please write them down.

课文二：_____

课文三：_____

四 课外练习 Extra Exercises

1 组词 Make words.

（1）~量（liáng）：衡量　测量

　　　____量　____量　____量

（2）~量（liàng）：质量　数量

　　　____量　____量　____量

（3）~性：惯性　习惯性

　　　____性　____性　____性　____性

（4）~度：高度　难度

　　　____度　____度　____度　____度

2 用下面的词语组成句子 Make sentences with the given words and expressions.

（1）学　能　怎么　好　数学

　　→_____

（2）衡量　质量　用……来　物体　惯性　的　我们　大小

　　→_____

（3）惯性　质量　物体　的　小　也小

　　→_____

（4）物体惯性　是　物体的质量　大小　的　量度

　　→_____

3 朗读下列问句，并模仿老师讲课的语气提出问题
Read these questions aloud and ask them in the tone of a teacher.

（1）怎么能学好数学呢？

（2）有什么学好数学的方法？

（3）我们用什么来衡量惯性的大小呢？

4 扩展阅读 Extensive reading.

金属钠（sodium，Na）原子最外层只有一个电子，很容易在化学反应中失去，因此我们就说，钠的金属性很强。反之，在化学反应中不容易失去电子的元素，金属性就弱。	原子　yuánzǐ　名　atom 电子　diànzǐ　名　electron 元素　yuánsù　名　element

（1）写出这段短文主要说明了什么问题
What is the main idea of the passage? Please write it down.
_____

（2）回答问题 Answer the questions.
　　① 我们怎么能知道钠的金属性强？

　　② 什么样的元素金属性弱？

（3）讨论：除了金属钠外，你还知道什么金属的名称？如"铁""铜"等，看看这些字有什么一样的地方
Discussion: Do you know the Chinese names of other kinds of metal besides sodium? For example, "铁" (iron), "铜" (copper). Find out what these characters share in common.

5 小游戏：变换说法 Game: Say the sentence in another way.
（1）两个人一组，一个同学说一个句子，另一个同学变换说法。
Work in pairs. One student says a sentence, and the other says it in another way.

（2）请同学轮流到黑板前说一个句子，让大家来变换说法。
The students take turns to come to the blackboard and say one sentence, and the rest of the class say it in another way.

6 手写体汉字认读　Recognize and read the following handwritten Chinese characters.

数学　　抽象　　衡量　　惯性　　质量

量度　　铁块　　亦即　　反之　　一桶水

Wēibó
微博　Microblog

　　Wēibó, jí wēibókè de jiǎnchēng, shì yí ge jīyú yònghù guānxi de xìnxī fēnxiǎng、chuánbō yǐjí huòqǔ de píngtái, yònghù kěyǐ tōngguò yǐjí gè zhǒng kèhùduān zǔjiàn gèrén shèqū, yǐ yìbǎi sìshí zì zuǒyòu de wénzì gēngxīn xìnxī, bìng shíxiàn jíshí fēnxiǎng. Měiguó de shì zuì zǎo yě shì zuì zhùmíng de wēibó. Gēnjù xiāngguān gōngkāi shùjù, jiézhǐ èr líng yī líng nián yī yuèfèn, gāi chǎnpǐn zài quánqiú yǐjīng yōngyǒu qīqiān wǔbǎi wàn zhùcè yònghù. Èr líng líng jiǔ nián bā yuè, Zhōngguó zuì dà de ménhù wǎngzhàn Xīnlàng Wǎng tuīchū "Xīnlàng Wēibó" nèicèbǎn, chéngwéi ménhù wǎngzhàn zhōng dì yī jiā tígōng wēibó fúwù de wǎngzhàn, wēibó zhèngshì jìnrù Zhōngwén shàngwǎng zhǔliú rénqún de shìyě.

　　微博，即微博客（microblog）的简称，是一个基于用户关系的信息分享、传播以及获取的平台，用户可以通过WEB、WAP以及各种客户端组建个人社区，以140字左右的文字更新信息，并实现即时分享。美国的twitter是最早也是最著名的微博。根据相关公开数据，截至2010年1月份，该产品在全球已经拥有7500万注册用户。2009年8月，中国最大的门户网站新浪网推出"新浪微博"内测版，成为门户网站中第一家提供微博服务的网站，微博正式进入中文上网主流人群的视野。

第十四课 Lesson 14

事物的构成 Composition of an Object or a Substance

学习目标 Objectives

1. 学会关于事物构成的汉语表达方法。
2. 学会下面的常用格式：
   （1）由……组成 / 构成 / 合成 / 制成
   （2）通过（经 / 由）……而形成
   （3）主要成分为 / 是……

一 学习词语 Vocabulary

科技词语 Words and phrases of science and technology

1. 冰晶	bīngjīng	名	ice crystal	冰晶像花一样。
2. 雪粒	xuělì	名	snow grain	
3. 过冷却	guòlěngquè	动	undercool	水是非常容易被过冷却的物质。
4. 石灰石	shíhuīshí	名	limestone	
5. 碳酸钙	tànsuāngài	名	calcium carbonate	
6. 碳	tàn	名	carbon	
7. 钙	gài	名	calcium	
8. 二氧化碳	èryǎnghuàtàn	名	carbon dioxide	

第十四课　事物的构成

通用词语　Common words and phrases

1. 组成	zǔchéng	动	compose, constitute	水是由水分子组成的。
2. 包含	bāohán	动	contain	手机说明书中包含很多内容。
3. 地面	dìmiàn	名	earth's surface, ground	
4. 有利于	yǒulìyú		be in favor of, be beneficial to	有氧运动有利于健康。
5. 共同	gòngtóng	副	together, jointly	
6. 构成	gòuchéng	动	compose, make up	物质是由分子、原子等构成的。
7. 发现	fāxiàn	动	find	
8. 基本	jīběn	形	basic	

练习　Exercises

1 写出下列符号的中文名称　Write down the Chinese names of the symbols.

$CaCO_3$　　　Ca　　　CO_2　　　O_2　　　O

_____　_____　_____　_____　_____

2 读下列词语，然后看图片，说说它们分别是哪种物质
Read the following words, and then put them in the brackets below the corresponding pictures.

a. 碳酸钙　　　　　　b. 石灰石　　　　　　c. 冰晶

  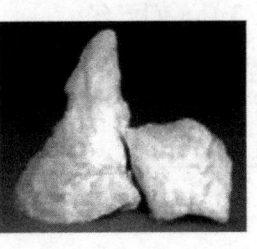

(　　)　　　　　　　(　　)　　　　　　　(　　)

3 朗读并说说下列词语有什么不同
Read these words aloud and tell the differences among them.

雪~：　雪粒　　雪花　　雪片

冰~：　冰块　　冰粒　　冰晶

~面：　地面　　底面　　桌面

4 读一读，写一写　Read and write.

（1）有利于：有利于学习　有利于健康　有利于身体

（2）共同：　共同努力　　共同学习　　共同完成

（3）基本：　基本情况　　基本问题　　基本元素

5 选词填空　Fill in each blank with a suitable word.

> 组成　　形成　　构成

（1）氢气由氢元素_____。

（2）空气产生运动，空气流动_____了风。

（3）元素_____物质，原子_____分子。

> 发现　　发生　　产生

（1）植物可以_____氧气。

（2）物质与氧气_____的反应都是氧化反应。

（3）人们已经_____了100多种元素。

> 许多　　众多

（1）人们可以利用化学方法分析_____的物质。

（2）_____物质都能与氧气发生化学反应。

（3）手机的型号_____。

> 基本成分　　主要成分

（1）空气的_____是氮气（dànqì, nitrogen）（78%）和氧气（21%）。

（2）醋的_____是醋酸（CH₃COOH）。

二 学习格式　Useful Expressions

1. 由……组成 / 构成 / 合成 / 制成
   ① 水是由氢、氧两种元素组成的。
   ② 所有的分子都由原子构成。
   ③ 黄色光是由两种光合成的。
   ④ 足球是由什么材料制成的?

2. 通过（经 / 由）……而形成
   ① 通过地球内部的运动变化而形成了山河。
   ② 植物经长期变化而形成煤（méi, coal）。
   ③ 我们双方通过这次会议而形成了共识。

3. 主要成分为 / 是 ……
   ① 食盐的主要成分为氯化钠。
   ② 石灰石的主要成分是碳酸钙。
   ③ 醋的主要成分是醋酸（CH₃COOH）。

练习 Exercises

1 说说下列事物的构成情况
Talk about what the following objects or substances are composed of.

例：水 → 水是由氢、氧两种元素组成的。

(1) 氢气 →_____

(2) 氧气 →_____

(3) 石灰石 →_____

(4) 空气 →_____

(5) 食盐 →_____

(6) 物质 →_____

2 说说下列事物的形成情况　Talk about how the following objects are formed.

(1) 煤

(2) 冰

(3) 雪

3 两人一组，说出下列物质的主要成分并写出来
Work in pairs. Talk about the essential components of the following objects or substances and write them down.

(1) 食盐 _____

(2) 石灰石 _____

(3) 醋 _____

(4) 氧气 _____

4 3~4人一组，说说你知道的物质的构成情况。比一比，看哪组说得多
Work in groups of 3 to 4. Talk about the composition of the objects or substances you know, and see which group can say the most.

三 学习课文 Texts

（一）

云是由许多小水滴或小冰晶组成的，有的是由小水滴或小冰晶混合在一起组成的，有时也包含一些较大的雨滴、冰及雪粒。

（二）

雪是由一些小水滴和小冰晶增长变大而形成的。但是水滴和冰晶要长大到一定程度才能形成雪花，降落到地面。最有利于这些水滴和冰晶增长的是混合云。混合云是由小冰晶和过冷却水滴共同构成的。

（三）

利用化学方法分析众多的物质，发现组成它们的基本成分是元素，而且只有109种。比如说，石灰石的主要成分是碳酸钙，而碳酸钙是由碳、氧、钙这三种元素组成的。又如二氧化碳、一氧化碳、氧气和水，虽然这些物质的成分各有不同，但基本成分都是氧元素。

练习 Exercises

1 根据课文内容判断下列句子的正误（对的画√，错的画×）
Decide if the sentences are true or false according to the texts. (true: √, false: ×).

（1）许多冰晶组成了云。   （   ）
（2）雪是由水滴和冰晶增长变大而形成的。   （   ）

（3）水滴和冰晶长大一点儿就能形成雪花。（　　）
（4）混合云有利于水滴和冰晶增长。（　　）
（5）可以利用化学方法分析物质。（　　）
（6）物质的基本成分是元素。（　　）
（7）物质的基本元素不多。（　　）
（8）二氧化碳、一氧化碳等物质的成分是相同的。（　　）

2 根据课文内容填空　Fill in the blanks according to the texts.

（1）云是由许多_____或_____组成的。

（2）云有时也_____一些较大的雨滴、冰及_____。

（3）_____是由小冰晶和_____水滴共同_____的。

（4）物质的基本成分是_____。

（5）碳酸钙是由_____、_____、_____这三种元素组成的。

（6）二氧化碳、一氧化碳等的基本成分都是_____。

3 根据课文内容回答问题　Answer the questions according to the texts.

（1）云是由哪些物质组成的？

（2）雪是怎么形成的？

（3）物质的基本成分多吗？请举例说明。

四 课外练习 Extra Exercises

1 组词 Make words.

（1）~粒：冰粒　　盐粒

　　　　＿＿＿粒　＿＿＿粒　＿＿＿粒　＿＿＿粒

（2）过~：过热　　过冷

　　　　过＿＿＿　过＿＿＿　过＿＿＿　过＿＿＿

2 用下面的词语组成句子 Make sentences with the given words and expressions.

（1）由……组成　许多　云　小水滴　小冰晶　或　是……的

→ _____

（2）物质　化学方法　利用　分析　众多的

→ _____

（3）碳酸钙　石灰石　的　主要成分　是

→ _____

（4）成分　的　物质　各　不同　有

→ _____

3 想一想，说一说 Think and say.

（1）关于物质的构成，除了本课学习的三个汉语表达方法，还有其他说法吗？

（2）试一试，说出五种以上的物质的主要成分。

4 扩展阅读 Extensive reading.

食盐是离子化合物，是由氯离子和钠离子组成的。由于氯化钠是盐的主要成分，所以盐也称氯化钠。现在常见的加碘食盐是指在氯化钠中加入少量的碘酸钾（KIO_3），但碘酸钾含量不多，因此食盐的主要成分还是氯化钠。	离子　lízǐ　名　ion 化合物　huàhéwù　名　chemical compound 氯化钠　lǜhuànà　sodium chloride 碘　diǎn　名　iodine 碘酸钾　diǎnsuānjiǎ　potassium iodate

（1）给这段短文加一个合适的标题 Give a suitable title to this passage.

_____

（2）回答问题 Answer the questions.
　　① 盐的另一个名字是什么？为什么？

　　② 为什么说加碘食盐的主要成分还是氯化钠？

（3）和同学一起，互相介绍食盐的构成情况
　　Work with your classmates. Tell each other the composition of salt.

5 小游戏：你说我做 Game: You say, and I do.

（1）两个人一组，一个同学说一种物质，另一个同学说出这种物质的构成情况。
　　Work in pairs. One student names an object or a substance, and the other tells its composition.

（2）请同学轮流到黑板前，快速说出几种物质的构成情况。
　　Take turns to go to the blackboard and say quickly the composition of several objects or substances.

6 手写体汉字认读　Recognize and read the following handwritten Chinese characters.

普通　　组成　　混合　　构成　　过冷却

石灰石　碳酸钙　二氧化碳

Ào Yùn Chǎngguǎn —— "Shuǐlìfāng"
奥运 场馆 —— "水立方"
Water Cube, an Olympic Venue

"水立方"是世界上最大的膜结构工程，膜结构建筑是21世纪最具代表性的一种全新的建筑形式，至今已成为大跨度空间建筑的主要形式之一。它集建筑学、结构力学、精细化工、材料科学与计算机技术等为一体，建造出具有标志性的空间结构形式，它不仅体现出结构的力量美，还充分表现出建筑师的设想，让人享受到大自然的浪漫空间。在2008年的奥运会建筑设计上，膜结构应用得到了完美的体现。

第十五课 事物的变化（一）
Lesson 15　Changes of Things（Ⅰ）

学习目标 Objectives

1. 学会事物变化的汉语表达方法。
2. 学会下面的常用格式：
   （1）经（经过／由）……
   （2）经（经过／由）……，然后……，（再……），最后……

一　学习词语　Vocabulary

科技词语　Words and phrases of science and technology

1. 固态	gùtài	名	solid state	固态是物质存在的一种形态。
2. 熔化	rónghuà	动	melt	铁在高温状态下可以熔化成液体。
3. 液态	yètài	名	liquid state	物质的液体状态叫液态。
4. 蒸发	zhēngfā	动	evaporate	
5. 水蒸气	shuǐzhēngqì	名	steam, vapor	水蒸发后变成水蒸气。
6. 物态	wùtài	名	state of matter	物质存在的形态叫物态。／物态有三种：固态、液态和气态。
7. 晶体	jīngtǐ	名	crystal	
8. 非晶体	fēijīngtǐ	名	amorphous body	非晶体也叫做"过冷液体"或"流动性很小的液体"。石蜡是常见的一种非晶体。
9. 共存	gòngcún	动	coexist	
10. 沥青	lìqīng	名	asphalt	

11.	石蜡	shílà	名	paraffin wax
12.	明矾	míngfán	名	alum
13.	硫酸铜	liúsuāntóng	名	cupric sulfate

通用词语　Common words and phrases

1.	蜡烛	làzhú	名	candle	用火点蜡烛。
2.	蜡	là	名	wax	给汽车打蜡。
3.	然后	ránhòu	连	then, afterward	先加热，然后再冷却。
4.	其	qí	代	his, her, its, their	
5.	塑料	sùliào	名	plastic	
6.	味精	wèijīng	名	gourmet powder	

练习　Exercises

1 根据汉字写拼音　Write *pinyin* according to the characters.

液态_____　　熔化_____　　味精_____

蒸发_____　　汽化_____　　物态_____

非晶体_____　蜡烛_____　　塑料_____

2 根据拼音写汉字　Write characters according to the *pinyin*.

gùtài _____　　zhēngfā _____

shuǐzhēngqì _____　　jīngtǐ _____

ránshāo _____　　ránhòu _____

3 选择填空　Fill in each blank with a suitable word.

> 溶化/融化　熔化

（1）冰_____后变成水。

（2）铁加热到1530℃以上就_____成铁水。

（3）大多数物质_____后体积会发生变化。

（4）砂糖在热水中_____了。

> 蒸发　蒸汽/水蒸气

（1）水到100℃以上会_____，然后变成_____。

（2）液体温度越高，_____就越快。

（3）_____主要用于加热或加湿、产生动力等。

> 气化　汽化

（1）_____是物理变化，是物体由固体或液体变为气体，分子间距离增大。

（2）_____是化学变化，指通过化学变化将固态物质直接转化为气体物质的过程。

（3）煤能发生_____。

4 完成句子　Complete the sentences.

（1）固态的物质包括_____、_____等。

（2）液态的物质包括_____、_____等。

（3）固体有很多，比如说_____、_____等等。

（4）蜡烛是一种可以_____的物质。

二 学习格式 Useful Expressions

1. 经（经过/由）……
   ① 蛋白质经过水解后能生成氨基酸（amino acid）。
   ② 一些物质的形态经加热后会产生变化。
   ③ 生命由一些复杂的化学过程维持着。
   ④ 有的杯子是经高温烧制而成的。

2. 经（经过/由）……，然后……，（再……），最后……
   ① 经过加热，固体会变成液体。
   ② 馒头经过微波炉加热后，会失去一些水分，最后变硬。
   ③ 蜡烛燃烧是由蜡先熔化成液体，然后再汽化，和周围的氧气分子混合，最后再燃烧。
   ④ 科学家们把燃料油中较大的分子分解成含两个、三个、四个碳原子等的小分子，然后把它们加工制造成各种产品，如塑料、药物、农药、洗涤剂等。

练习 Exercises

1 说说下列物质的变化情况 Talk about how the following changes happen.

例：固体→液体

经加热后，固体会变成液体。

（1）冰 → 水

_____

（2）水 → 水蒸气

_____

（3）蛋白质 → 氨基酸

_____

（4）蜡烛 → 蜡烛燃烧

_____

2 两人一组，阅读下列句子，并试着使用不同的句子来表达
Work in pairs. Read the following sentences and try to express the ideas in another way.

（1）氨基酸是蛋白质经水解后而生成的。

（2）一些复杂的化学过程在维持着人的生命。

（3）这个杯子由高温烧制而成。

（4）塑料、药物、农药、洗涤剂是把燃料油中一些较大的分子分解，然后再进行加工制造而成的。

3 3~4人一组，说说你知道的物质的变化情况。比一比，看哪组说得多
Work in groups of 3 to 4. Talk about how certain changes happen to some objects or substances you know, and see which group can say the most.

三 学习课文 Texts

（一）

固态的冰受热后熔化成水，液态的水经过蒸发变成了水蒸气。

（二）

物理变化与化学变化是有联系的，比如蜡烛燃烧，就是由蜡先熔化成液体，然后再汽化，和周围的氧气分子混合，最后再燃烧。物态变化是物理变化，而燃烧则是化学变化。

（三）

固体分为晶体和非晶体两大类。非晶体在熔化过程中，其状态变化情况是：由固体先变成固液共存，再变成液体，最后变成汽液共存，由硬变软是非晶体所特有的熔化过程。而晶体在熔化过程中，虽固液共存，但固液数量在不断变化。常见的非晶体有塑料、沥青、石蜡等。常见的晶体有明矾、硫酸铜、味精等。

练习 Exercises

1 朗读下列句子，并体会应该在哪儿停顿
Read the sentences aloud and pause at the right places.

（1）固态的冰受热后熔化成水。

（2）物理变化与化学变化是有联系的。

（3）非晶体在熔化过程中，其状态变化情况是：由固体先变成固液共存，再变成液体，最后变成汽液共存。

（4）晶体在熔化过程中，虽固液共存，但固液数量在不断变化。

2 根据课文内容判断下列句子的正误（对的画√，错的画×）
Decide if the sentences are true or false according to the texts. (true: √, false: ×)

（1）水是固态的冰受热后熔化而成的。　　　　　　　　　　（　　）

（2）水蒸气是由液态的水蒸发而成的。　　　　　　　　　　（　　）

（3）物理变化和化学变化既有区别又有联系。　　　　　　　（　　）

（4）蜡烛燃烧是物理变化，不是化学变化。　　　　　　　　（　　）

（5）非晶体熔化后的最后状态是汽液共存。　　　　　　　　（　　）

（6）晶体在熔化过程中，固液共存。　　　　　　　　　　　（　　）

（7）晶体在熔化过程中，固液数量没有变化。　　　　　　　（　　）

3 根据课文内容填空　Fill in the blanks according to the texts.

（1）冰受热后_____成水，液态的水经过_____变成了水蒸气。

（2）_____燃烧，就是由蜡先溶化成液体，然后再汽化，和_____的氧气分子混合，_____再_____。

（3）_____在熔化过程中，是由固体先变成_____，再变成液体，最后变成_____。

4 根据课文内容回答问题　Answer the questions according to the texts.

（1）冰怎么能变成水？

（2）水是怎么变成水蒸气的？

（3）蜡烛是怎么燃烧的？

四　课外练习　Extra Exercises

1 组词　Make words.

（1）~态：固态　物态
　　　____态　____态　____态　____态

（2）~化：物化　汽化
　　　____化　____化　____化　____化

（3）~体：液体　长方体
　　　____体　____体　____体　____体

2 用下面的词语组成句子　Make sentences with the given words and expressions.

（1）经过　变成了　水　水蒸气　蒸发
　　　→_____

（2）化学　变化　是　燃烧
　　　→_____

（3）联系　物理变化　化学变化　有　与　是……的
　　　→_____

（4）固体　晶体　两大类　和　非晶体　分为

→ _____

3 扩展阅读　Extensive reading.

有的科学家认为，石油和天然气是由生物（包括动植物、微生物等）死亡后演变而成的。海洋或湖泊中的生物，死后沉入水底，与从陆地上随河流而来的沙石一起，在水底形成沉积物。由于这些沉积物与空气隔绝，不容易腐烂，便不断地一层一层地向上堆积，经过几十万年、几百万年，堆积厚度可达几百米至数千米。随着堆积厚度的增加，压力、温度也随之升高，沉积物中的动植物、微生物就发生复杂的物理、化学变化，使有机质逐渐转化为深埋地下的石油和天然气了。	石油　shíyóu　名　oil, petroleum 天然气　tiānránqì　名　natural gas 演变　yǎnbiàn　动　evolve 湖泊　húpō　名　lake 沉积物　chénjīwù　名　sediment 堆积　duījī　动　pile up, accumulate 有机质　yǒujīzhì　名　organic substance

（1）用一句话写出这段短文的主要意思

Write down the main idea of the passage in one sentence.

_____

（2）回答问题　Answer the questions.

① 石油和天然气是由什么演变来的？

② 根据短文内容，具体说明石油和天然气的产生过程。

（3）和同学一起讨论：关于石油和天然气产生的其他说法

Discuss with your classmates about other opinions on how oil and natural gas were formed.

4 小游戏：你说我做 Game: You say, and I do.

（1）两个人一组，一个同学说一种物质，另一个同学说出这种物质发生变化的过程。
Work in pairs. One student names an object or a substance, and the other tells how it changes into another state.

（2）请同学轮流到黑板前，说出1~2种物质发生变化的过程。
Take turns to go to the blackboard and tell the rest of the class the process through which one or two objects or substances change.

5 手写体汉字认读 Recognize and read the following handwritten Chinese characters.

石油　　天然气　　微生物　　演变　　湖泊

陆地　　沉积物　　腐烂　　堆积　　有机质

Shǒujī de Xīn Yòngtú
手机的新用途
New Functions of the Mobile Phone

Tídào shǒujī de yòngtú, hěn duō rén mǎshàng huì xiǎng dào dǎ diànhuà、fā duǎnxìn、
提到手机的用途，很多人马上会想到打电话、发短信、
shàngwǎng děngděng. Dàn wèilái shǒujī de yòngtú kě yuǎn bùzhǐ zhèxiē, tā kěyǐ shì zhǐ
上网等等。但未来手机的用途可远不止这些，它可以是指
jiān shang de yínháng、yǐngyuàn、jiàoshì, kěyǐ wèi nǐ tígōng dìngwèi fúwù, shènzhì kěyǐ
尖上的银行、影院、教室，可以为你提供定位服务，甚至可以
yuǎnchéng cāozòng jiā zhōng de xǐyījī hé wēibōlú. Yīncǐ, wèilái shǒujī de yòngtú jiāng
远程操纵家中的洗衣机和微波炉。因此，未来手机的用途将
huì dàdà zēngjiā, ér kāifā shǒujī xīn yòngtú zé shì wèilái jìngzhēng de yí ge jiāodiǎn.
会大大增加，而开发手机新用途则是未来竞争的一个焦点。

第十六课 事物的变化（二）
Lesson 16　Changes of Things (II)

学习目标 Objectives

1. 学会关于事物变化（依变关系）的汉语表达方法。
2. 学会下面的常用格式：
   （1）越来越……
   （2）随着……而……
   （3）越……越……

一　学习词语　Vocabulary

科技词语　Words and phrases of science and technology　　16-1

1. 联结	liánjié	动	join, connect	画一条直线把这两点联结起来。
2. 导线	dǎoxiàn	名	lead, conducting wire	
3. 光缆	guānglǎn	名	optical cable	
4. 通信卫星	tōngxìn wèixīng		communication satellite	
5. 传送	chuánsòng	动	transmit	计算机是怎么传送信息的？
6. 文档	wéndàng	名	document	这个文件夹里有5个文档。
7. 输入	shūrù	动	input	你的手机可以输入汉字吗？/ 请输入密码。
8. 文本	wénběn	名	text	你输入的文本有错误。

9.	标记	biāojì	名	sign, mark	在有错的地方作出标记。
10.	波浪线	bōlàngxiàn	名	wavy line	
11.	沸点	fèidiǎn	名	boiling point	水的沸点是 100℃。
12.	大气层	dàqìcéng	名	atmospheric layer	
13.	稀薄	xībó	形	thin, rare	高山上空气稀薄。

通用词语 Common words and phrases

1.	甚至	shènzhì	连	even	这个手机功能很多,甚至能看电视节目。
2.	满足	mǎnzú	动	meet, satisfy	我的词汇量还不能满足阅读的需要。
3.	画面	huàmiàn	名	tableau, frame	这张照片画面不太清楚。
4.	自动	zìdòng	副	automatically	走到门前,门就自动开了。
5.	检查	jiǎnchá	动	check up	检查作业 / 检查机器
6.	拼写	pīnxiě	动	spell	你的名字怎么拼写?
7.	显示	xiǎnshì	动	show	Word 用波浪线显示文本错误。
8.	产生	chǎnshēng	动	produce, engender	大气压强是怎么产生的?

练习 Exercises

1 根据汉字写拼音　Write *pinyin* according to the characters.

导线_____　　沸点_____　　联结_____

产生_____　　甚至_____　　标记_____

显示_____　　拼写_____

第十六课　事物的变化（二）

2 根据拼音写汉字　Write characters according to the *pinyin*.

tōngxìn wèixīng ＿＿＿＿＿＿＿＿　　chuánsòng xìnxī ＿＿＿＿＿＿＿＿

kōngqì xībó ＿＿＿＿＿＿＿＿　　mǎnzú xūyào ＿＿＿＿＿＿＿＿

zìdòng jiǎnchá ＿＿＿＿＿＿＿＿　　shūrù wénběn ＿＿＿＿＿＿＿＿

3 把左边的词语与右边的解释连接起来
Match the words in the left column with their explanations in the right.

传送	强调特别的例子。
产生	密度小，不浓厚。
甚至	把消息、声音等从一个地方送到另一个地方。
联结	感到已经足够了。
画面	结合在一起。
沸点	出现。
满足	液体沸腾时的温度。
稀薄	从外部送到内部。
自动	在图画、照片或屏幕上看到的形象。
输入	不用人力，机器可以直接做某事。

二　学习格式　Useful Expressions

1. 越来越……

① 随着科学的进步，计算机与我们的关系越来越密切。

② 温度高于4℃时，随着温度的升高，水的密度越来越小；温度低于4℃时，随着温度的降低，水的密度也越来越小。

③ 数学是重要的基础科学，物理学、化学、生物学、经济学、军事学等都越来越需要数学。

2. 随着……而……

　　① 西红柿在成熟的过程中，大小、含糖量等会随着时间而变化。

　　② 当移动鼠标时，它的光标就会随着鼠标的移动而在屏幕上移动。

　　③ 液体的沸点是随着大气压强的变化而变化的。

3. 越……越……

　　① 同一种物质，体积越大，质量越大。

　　② 电压越高，对人身的危险性越大。

　　③ 离地面越高的地方大气越稀薄，那里的大气压强就越小。

练习　Exercises

1 与你的同伴完成下面的对话，并讨论答案是否正确

　　Complete the dialogues with your partner and discuss if the answers are correct.

（1）A：当你移动鼠标的时候，光标会有什么变化？

　　　B：光标_____。

（2）A：液体的沸点是怎么变化的？

　　　B：_____。

（3）A：随着汉语水平的提高，你的汉语词汇量有什么变化？

　　　B：我的汉语词汇量_____。

（4）A：随着冬天的到来，天气会怎么样？

　　　B：天气_____。

（5）A：电压的高低对人身有什么影响？

　　　B：电压越_____，对人身的危险性_____。

（6）A：高山上的空气怎么样？

　　　B：山越高，那里的空气_____。

2 使用括号里的词语改写下面的句子
Rewrite the sentences with the expressions given in the brackets.

（1）一般来说，随着年龄的增加，人体中的脂肪（zhīfáng, fat）含量（hánliàng, content）也在增加。（越来越……）

_____

（2）2009年6月，中国网民数量达到3.38亿人；2010年3月，增加到4.04亿人。（越来越……）

_____

（3）高山上每升高100米，气温就降低0.6℃左右。（越……越……）

_____

（4）在数轴（shùzhóu, number axis）上，3在0的右边，5在3的右边。（越……越……）

_____

三 学习课文 Texts

（一）

　　计算机之间的联结，除了使用金属导线外，还使用光缆、通信卫星等各种通信手段。随着通信技术的发展，现在已经可以在很短的时间内传送越来越大的信息量，信息传送的速度甚至能够满足电视等活动画面的需要，我们已经可以轻松地在网上看电视了。

（二）

　　Word可以帮助用户发现文档中的错误。当用户输入文本时，Word会自动检查输入错误并作出标记。如果文字有拼写错误，则在错误文字下面显示红色波浪线；如果有语法错误，则在错误句子下面显示绿色波浪线。

（三）

把水加热到一定温度时，水就会沸腾，液体沸腾时的温度叫做沸点。液体的沸点是随着大气压强的变化而变化的。物体在单位面积上所受到的压力叫压强。大气压强是由于大气层受到重力作用而产生的，离地面越高的地方大气越稀薄，那里的大气压强越小。

词语例释 Expressions used in sentences

1. 除了……外，还……

   ① 计算机之间的联结，除了使用金属导线外，还使用光缆、通信卫星等各种通信手段。

   ② 除了收发电子邮件外，我们还可以从网上看新闻，查各种资料。

   ③ 除了3以外，还有没有别的数的平方也等于9呢？

2. 甚至

   ① 强大的电流会伤害人的大脑和心脏，甚至会使人死亡。

   ② 在家里，同时使用的电器不能太多，否则容易烧坏保险丝（bǎoxiǎn sī，fuse），甚至会引起火灾。

   ③ 石油的形成要经过百万年甚至更长的时间。

练习 Exercises

1 根据课文内容判断下列句子的正误（对的画√，错的画×）

Decide if the sentences are true or false according to the texts. (true: √, false: ×)

（1）可以使用金属导线、光缆和通信卫星等联结计算机。　　　　（　　）

（2）通信技术越发达，短时间内传送的信息量越大。　　　　　　（　　）

（3）传送电视等活动画面，不需要很高的速度。　　　　　　　　（　　）

（4）Word可以自动检查用户的输入错误。　　　　　　　　　　　（　　）

（5）绿色波浪线表示输入文字的拼写有错误。　　　　　　　　　（　　）

（6）水加热以后就会沸腾。　　　　　　　　　　　　　　　　　（　　）

（7）沸点就是液体沸腾时的温度。　　　　　　　　　　　　　　（　　）

第十六课　事物的变化（二）　163

（8）液体的沸点会随着大气压强的变化而变化。　　　　　　（　　）

（9）压强就是物体所受到的压力。　　　　　　　　　　　　（　　）

（10）大气压强的产生与重力作用有关。　　　　　　　　　　（　　）

（11）离地面越高的地方，大气压强越大。　　　　　　　　　（　　）

（12）大气越稀薄，大气压强越小。　　　　　　　　　　　　（　　）

2 根据课文内容填空　Fill in the blanks according to the texts.

（1）计算机_____的_____，可以使用各种通信手段。

（2）_____通信技术的发展，现在已经可以在很短的时间内_____越来越大的信息量。

（3）现在信息传送的速度_____能够_____电视等活动画面的需要。

（4）液体的_____是随着大气压强的变化而_____的。

（5）物体在_____上所受到的压力叫_____。

（6）大气压强是_____大气层受到重力作用_____产生的。

3 用指定词语回答问题或改写句子
Answer the questions or rewrite the sentences with the given words or expressions.

（1）计算机之间的联结，都使用了哪些通信手段？（除了……外，还……）

　　_____

（2）我们可以上网收发邮件、看新闻，还可以看电视节目。（甚至）

　　_____

（3）为了完成论文，他每天都工作到深夜，周末也不休息。（甚至）

　　_____

（4）Word 自动检查输入错误后如何作出标记？（如果……，则……）

　　_____

（5）当液体所受的大气压强增大时，它的沸点升高；当压强减小时，沸点降低。（随着……而……）

_____

4 给三段课文各加一个合适的标题　Give a suitable title to each text.

课文一：_____

课文二：_____

课文三：_____

四 课外练习　Extra Exercises

1 组词　Make words.

（1）~生/生~：产生　发生　生成　生锈

_____生　_____生　生_____　生_____

（2）~点：中点　起点　沸点

_____点　_____点　_____点　_____点

2 用下面的词语组成句子　Make sentences with the given words and expressions.

（1）计算机　信息量　可以　在……内　越来越大的　传送　很短的时间

→ _____

（2）我们的　学习专业的　需要　还不能　汉语词汇　满足

→ _____

（3）液体　温度　沸腾时　的　沸点　叫做

→ _____

（4）大气压强 是……的 由于 大气层 产生 受到 重力作用 而

→ _____

3 想一想，说一说　Think and say.

商（shāng, quotient）要随着被除数（bèichúshù, dividend）或除数（chúshù, divisor）的变化而变化，那么它们的变化一样吗？

（1）
800÷2=
800÷4=
800÷8=

（2）
12÷4=
120÷4=
1200÷4=

4 扩展阅读　Extensive reading.

摩擦力是一种很常见的力。两个互相接触的物体，当它们做相对运动时，在接触面上会产生一种阻碍相对运动的力，这种力就叫做摩擦力(friction force)。

当你推箱子时，箱子越重，推起来越费力；地面越粗糙，推起来越费力。由此可见，摩擦力的大小与作用在物体表面的压力有关，表面受到的压力越大，摩擦力就越大。摩擦力的大小还与接触面的粗糙程度有关，接触面越粗糙，摩擦力越大。

接触	jiēchù	动	contact
相对	xiāngduì	形	relative
阻碍	zǔ'ài	动	hinder, impede
费力	fèilì	动	arduous
粗糙	cūcāo	形	rough, coarse
由此可见	yóu cǐ kě jiàn		thus it can be seen
程度	chéngdù	名	level, degree

（1）从下面的词语中找出这段短文的5个关键词

Please find out five key words of the passage from the following.

摩擦力　接触　接触面　相对运动　阻碍　重　费力　压力　粗糙程度

（2）根据短文内容判断下列句子的正误（对的画√，错的画×）
Decide if the sentences are true or false according to the passage. (true: √, false: ×)

① 阻碍物体相对运动的力，就是摩擦力。（　　）
② 重箱子推起来费力，是因为物体表面的压力不大。（　　）
③ 摩擦力的大小跟接触面的粗糙程度有关系。（　　）
④ 摩擦力很少见。（　　）

（3）讨论：谈谈生活中的摩擦力
Discussion: Talk about the friction forces in everyday life.

5　试一试：在电脑上用 Word 中的"工具"做一个中文信封
Try to make a Chinese envelope using the "Tools Menu" in Microsoft Word.

例：

```
300072
天津市南开区卫津路92号天津大学理学院

        孔向青　老师

            北京科技大学建筑学院    大卫
                                100083
```

6　和同学一起讨论：Word 还有哪些作用？
Discuss with your classmates about other functions of Microsoft Word.

7　想一想，猜一猜　Think and guess.
甲和乙比赛爬楼梯，甲的速度是乙的两倍。当甲爬到第9层时，乙爬到了第几层？

8　手写体汉字认读　Recognize and read the following handwritten Chinese characters.

联结　导线　传送　满足　画面　产生　沸点

文档　输入　自动　检查　标记　拼写　显示

Bèi Rénmen Chóngbài de Shù
被人们崇拜的数
The Number Admired by People

Gǔ jīn Zhōng wài, rénmen chóngbài sānshíliù zhège shù, wèi shénme ne? Yí ge
古今中外，人们崇拜36这个数，为什么呢？一个
yuányīn shì sānshíliù děngyú qián sān ge zìránshù de lìfāng hé:
原因是36等于前三个自然数的立方和：$36 = 1^3 + 2^3 + 3^3$。

Lìng yí ge yuányīn shì, sānshíliù shì qián sì ge jīshù hé qián sì ge ǒushù zhī hé:
另一个原因是，36是前四个奇数和前四个偶数之和：
$36 = (1+3+5+7)+(2+4+6+8)$。

Bìdágēlāsī xuépài rènwéi, zhěng gè yǔzhòu shì jiànlì zài sì ge
毕达哥拉斯（Pythagoras）学派认为，整个宇宙是建立在四个
jīshù hé sì ge ǒushù de jīchǔ shang de, yīncǐ sānshíliù zhège shù wúxiàn wěidà hé
奇数和四个偶数的基础上的，因此36这个数无限伟大和
zhuāngyán.
庄严。

第十七课 Lesson 17
因果联系 Cause and Effect

> **学习目标 Objectives**
>
> 1. 学会关于因果联系的汉语表达方法。
> 2. 学会下面的常用格式：
>   （1）由于……，所以……
>   （2）由于……而……
>   （3）……，因此……

一 学习词语 Vocabulary

科技词语 Words and phrases of science and technology

1. 线速度	xiànsùdù	名	linear velocity
2. 匀速	yúnsù	名	constant speed
3. 变速	biànsù	名	variable speed
4. 速率	sùlǜ	名	speed
5. 亮度	liàngdù	名	luminance
6. 能量	néngliàng	名	energy
7. 势能	shìnéng	名	potential energy
8. 动能	dòngnéng	名	kinetic energy
9. 氯气	lǜqì	名	chlorine
10. 有机物	yǒujīwù	名	organic matter
11. 化合物	huàhéwù	名	chemical compound

通用词语 Common words and phrases

1.	处处	chùchù	副	everywhere	这种现象处处可见。
2.	会聚	huìjù	动	gather	激光可以会聚到很小的一点上。
3.	千万	qiānwàn	副	*used in entreating or exhortation, etc.*	千万不要酒后开车。
4.	照射	zhàoshè	动	shine	阳光照射大地。
5.	举	jǔ	动	lift, raise	做完练习的同学请举手。
6.	工业	gōngyè	名	industry	

练习 Exercises

1 根据汉字写拼音 Write *pinyin* according to the characters.

匀速_____　　　变速_____　　　速率_____

亮度_____　　　能量_____　　　动能_____

2 根据拼音写汉字 Write characters according to the *pinyin*.

yǒujīwù _____　　　huàhéwù _____

qiānwàn _____　　　zhàoshè _____

3 把左边的词语与右边的解释连接起来
Match the words in the left column with their explanations in the right.

处处	往上托。
照射	每一个地方。
举	一定。
千万	光线射到物体上。

二 学习格式　Useful Expressions

1. 由于……，所以……

   例：① 由于电动机不像内燃机那样污染环境，所以应提倡用电做动力。

   ② 由于水的密度与冰的密度不同，所以相同质量的冰比水的体积大。

   ③ 由于激光亮度很强，所以千万不能把激光对着人的眼睛照射。

2. 由于……而……

   例：① 由于地球的吸引而使物体受到的力，叫做重力。

   ② 物体由于被举高而具有重力势能。

   ③ 物体由于运动而具有的能量叫做动能。

3. ……，因此……

   例：① 这种电磁波的波长很短，因此被叫作微波。

   ② 原子在化学反应中不能再分成更小的粒子，因此，原子是化学变化中的最小粒子。

   ③ 气体的每一个粒子都具有很大的动能，因此它们都在快速运动。

练习　Exercises

1 与你的同伴完成下面的对话，并讨论答案是否正确

Complete the dialogues with your partner and discuss if the answers are correct.

（1）A：为什么要提倡用电作动力？

　　B：由于_____。

（2）A：相同质量的冰的体积为什么比水大？

　　B：_____。

（3）A：什么叫做重力势能？

　　B：_____。

（4）A：什么叫做动能？

B：＿＿＿＿＿＿＿＿＿＿＿＿＿＿＿＿＿＿。

2 选择适当的格式完成句子　Fill in the blanks with the suitable structures.

> 由于……，所以……　　由于……而……　　……，因此……

（1）很多学科都需要数学知识，＿＿＿＿＿＿学好数学是非常重要的。

（2）＿＿＿＿＿＿水的密度比冰大，＿＿＿＿＿＿相同质量的水的体积比冰小。

（3）动能就是物体＿＿＿＿＿＿运动＿＿＿＿＿＿具有的能量。

三　学习课文　Texts

（一）

如果物体沿着圆周运动，并且线速度的大小处处相等，这种运动叫做匀速圆周运动（uniform circular motion）。由于匀速圆周运动的线速度方向是在不断变化的，所以它仍是一种变速运动，这里的"匀速"是指速率不变。

（二）

由于平行度好，激光可以会聚到很小的一点上。由于激光亮度很强，所以千万不能把激光对着人的眼睛照射。

（三）

物体由于被举高而具有的能量叫做重力势能。物体的质量越大，位置越高，它具有的重力势能就越大。物体由于运动而具有的能量叫做动能。质量相同的物体，运动速度越大，它的动能越大；运动速度相同的物体，质量越大，具有的动能就越大。

（四）

由于氯气的化学性质很活泼，它能跟很多金属、非金属和有机物发生反应，生成多种含氯化合物。因此，氯气成为化学工业的重要物质。

练习　Exercises

1　根据课文内容判断下列句子的正误（对的画√，错的画×）
Decide if the sentences are true or false according to the texts. (true: √, false: ×)

（1）匀速圆周运动是圆周运动。　　　　　　　　　　　　　　（　）
（2）匀速圆周运动是匀速运动，不是变速运动。　　　　　　　（　）
（3）匀速圆周运动的线速度大小都相等。　　　　　　　　　　（　）
（4）匀速圆周运动的线速度方向是不断变化的。　　　　　　　（　）
（5）匀速圆周运动的"匀速"是指速率。　　　　　　　　　　（　）
（6）激光的平行度很好。　　　　　　　　　　　　　　　　　（　）
（7）虽然激光可以会聚到很小的点上，但是可以把激光对着人的
　　　眼睛照射。　　　　　　　　　　　　　　　　　　　　（　）
（8）氯气是一种性质活泼的化学元素。　　　　　　　　　　　（　）
（9）氯气跟多种金属、非金属和有机物发生反应后，生成含氯化合物。（　）
（10）氯气在化学工业中很重要。　　　　　　　　　　　　　（　）

2　根据课文内容填空　Fill in the blanks according to the texts.

（1）物体沿着圆周运动，并且线速度的大小_____相等，这种运动叫做_____。

（2）由于匀速圆周运动的线速度_____是在不断_____的，所以它仍是一种变速运动，这里的"匀速"是指_____不变。

（3）由于激光_____很强，所以_____不能把激光_____人的眼睛照射。

（4）氯气能跟很多金属、非金属和有机物发生_____，_____多种含氯化合物。

3　分别找出三段课文的关键词（每段2~4个）
　　Find the key words of the three texts. (2 to 4 words for each)

课文一：＿＿＿＿＿＿＿＿＿＿＿＿＿＿＿＿＿＿＿＿＿＿＿＿＿＿＿＿＿

课文二：＿＿＿＿＿＿＿＿＿＿＿＿＿＿＿＿＿＿＿＿＿＿＿＿＿＿＿＿＿

课文三：＿＿＿＿＿＿＿＿＿＿＿＿＿＿＿＿＿＿＿＿＿＿＿＿＿＿＿＿＿

4　与你的同伴互相问答　Work with your partner. Ask questions and answer them.

（1）什么叫做匀速圆周运动？
　　＿＿＿＿＿＿＿＿＿＿＿＿＿＿＿＿＿＿＿＿＿＿＿＿＿＿＿＿＿

（2）为什么说匀速圆周运动是变速运动？
　　＿＿＿＿＿＿＿＿＿＿＿＿＿＿＿＿＿＿＿＿＿＿＿＿＿＿＿＿＿

（3）激光有哪些特点？
　　＿＿＿＿＿＿＿＿＿＿＿＿＿＿＿＿＿＿＿＿＿＿＿＿＿＿＿＿＿

（4）为什么说氯气的化学性质很活泼？
　　＿＿＿＿＿＿＿＿＿＿＿＿＿＿＿＿＿＿＿＿＿＿＿＿＿＿＿＿＿

（5）你还知道哪些性质活泼的化学元素？
　　＿＿＿＿＿＿＿＿＿＿＿＿＿＿＿＿＿＿＿＿＿＿＿＿＿＿＿＿＿

四　课外练习　Extra Exercises

1　组词　Make words.

（1）能~/~能：能量　能力　势能　动能

　　　　　　能＿＿＿　能＿＿＿　能＿＿＿　＿＿＿能　＿＿＿能

（2）物~/~物：物理　物体　有机物　化合物

　　　　　　物＿＿＿　物＿＿＿　＿＿＿物　＿＿＿物　＿＿＿物

2 用下面的词语组成句子 Make sentences with the given words and expressions.

（1）相同 的 冰 水 的 大 体积 质量 比

→_____

（2）物体 运动 具有的 能量 动能 叫做 由于 而

→_____

（3）氯气 活泼 化学 性质 很 的

→_____

（4）人的眼睛 不能 千万 强烈的阳光 对着

→_____

3 扩展阅读 Extensive reading.

电磁波除了用于通信外，还有很多别的应用。比如，我们生活中常常见到的微波炉，就是用电磁波来加热食品的。微波炉内有很强的电磁波，因为这种波长很短，所以叫做微波。食物的分子在微波的作用下剧烈振动，使得内能增加，温度升高。由于电磁波可以深入食物内部，所以用微波炉做饭时食物的内部和外部几乎同时变熟，省时、省电。

食物中的水分子比其他分子更容易吸收微波的能量，所以含水量高的食物在微波炉中温度上升更快。微波炉中不能使用金属容器，因为微波遇到金属就会产生强大的电流，会损坏微波炉。

电磁波	diàncíbō	名	electromagnetic wave
微波	wēibō	名	microwave
炉	lú	名	oven, stove
振动	zhèndòng	动	vibrate
内能	nèinéng	名	internal energy
深入	shēnrù	动	go deep into
省	shěng	动	save, economize
吸收	xīshōu	动	absorb
含水量	hánshuǐliàng	名	liquid water content
上升	shàngshēng	动	go up, increase
容器	róngqì	名	container, vessel
损坏	sǔnhuài	动	damage

（1）给这段短文加一个合适的标题　Give a suitable title to this passage.

_____

（2）回答问题　Answer the questions.

① 短文提到电磁波有哪些作用？

② 微波炉内的电磁波有什么特点？

③ 微波为什么能够加热食品？

④ 为什么用微波炉做饭可以省时、省电？

⑤ 什么样的食物在微波炉里更容易加热？

⑥ 使用微波炉要注意什么？为什么？

（3）和同学一起讨论：使用微波炉有哪些好处？
Discuss with your classmates about the advantages of using a microwave.

4　说一说　Speaking.

观察生活中的物理现象，并用"由于……，所以……"或"……，因此……"的句式来说明。

Observe the physical phenomena in everyday life and explain them with "由于……，所以……" or "……，因此……".

5　想一想，猜一猜　Think and guess.

两个圆环半径分别是 1 和 2，小圆在大圆内部绕大圆的圆周一周，请问小圆自身转了几圈？如果在大圆的外部，小圆自身又需要转几圈呢？

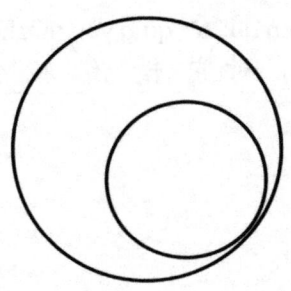

6 手写体汉字认读　Recognize and read the following handwritten Chinese characters.

电磁波　微波炉　加热　剧烈　震动

深入　吸收　加热　上升　损坏

圆周　圆环　绕　转　圈

Jíxiáng Wánmǎn de Shù
吉祥 完满 的数
The Perfect Lucky Number

Zhōnghuá Mínzú lìlái bǎ liù kànchéng yí ge jílì、xiánghé de shù. Yǒu rén bǎ
中华 民族 历来 把6 看成 一个吉利、祥和 的数。有 人 把
liù lǐjiě wéi "fādá", yě yǒu rén shuō liù jìtuō zhe shùnlì。"Liù liù dà shùn" zì gǔ zhì
6理解 为"发达"，也有 人 说 6寄托着 顺利。"六六大顺"自古至
jīn rénrén jiē zhī, zhè jì shì yì zhǒng měihǎo de zhùyuàn, yě shì duì xìngfú、héxié shēng-
今人人皆 知，这既是一种 美好 的 祝愿，也是对 幸福、和谐 生
huó de chōngjǐng hé xīwàng. Wèi shénme rénmen duì shùzì liù nàme yǒu hǎogǎn ne? Liù de
活 的 憧憬 和希望。为 什么 人们 对数字6那么有 好感 呢？6 的
yīnshù wéi yī、èr、sān, ér qí hé wéi　　　　　　　 yīncǐ rénmen bǎ liù lǐjiě
因数 为1、2、3，而其和为 1+2+3=6，因此 人们 把6理解
wéi "wánquánshù"。 Jùshuō Bìdágēlāsī　　　　　　 rènwéi: liù xiàngzhēngzhe
为"完全数"。据说 毕达哥拉斯（Pythagoras）认为：6 象征着
wánměi de hūnyīn yǐjí jiànkāng hé měilì, yīnwèi tā de yīnshù shì wánzhěng de, bìngqiě hé
完美 的 婚姻以及 健康 和美丽，因为它的 因数是 完整 的，并且和
děngyú zìshēn. Zhèyàng de liánghǎo de xìngzhì zhùdìngle rénmen duì tā qíng yǒu dú zhōng.
等于 自身。这样 的 良好 的 性质 注定了 人们 对它 情 有 独 钟。

第十八课 Lesson 18

条件限制
Condition and Restriction

学习目标 Objectives

1. 学会关于条件的汉语表达方法。
2. 学会下面的常用格式：
   （1）即使……也……
   （2）只有……才……
   （3）只要……就……
   （4）在……下

一 学习词语 Vocabulary

科技词语 Words and phrases of science and technology

1.	高压	gāoyā	名	high voltage
2.	干电池	gāndiànchí	名	dry cell
3.	电路	diànlù	名	electrocircuit
4.	线路	xiànlù	名	line, circuit
5.	伏	fú	量	volt
6.	臭氧	chòuyǎng	名	ozone (O_3)
7.	平流层	píngliúcéng	名	stratosphere
8.	臭氧层	chòuyǎngcéng	名	ozonosphere
9.	紫外线	zǐwàixiàn	名	ultraviolet rays
10.	氟氯烃	fúlǜtīng	名	HCFCs

通用词语 Common words and phrases

1.	危险	wēixiǎn	形	dangerous	高压危险！
2.	标志	biāozhì	名	sign, symbol	红绿灯是交通标志。
3.	死亡	sǐwáng	动	die	
4.	超	chāo	动	exceed, overtake	儿子的个子超过了爸爸。/ 220V（伏）远远超出了安全电压。
5.	一旦	yídàn	副	once, as soon as	一旦天晴，马上出发。/ 一旦有紧急事情，就打这个电话。
6.	触电	chùdiàn	动	get an electric shock	有人触电了，快打120叫救护车！
7.	具备	jùbèi	动	possess	她已经具备了毕业条件。
8.	着火	zháohuǒ	动	catch fire	着火了！快打119！
9.	即	jí	副	be, mean	时间即生命。
10.	灭火	mièhuǒ	动	put out a fire	人们用水灭火。
11.	隔绝	géjué	动	become isolated	使燃烧物和空气隔绝
12.	呈	chéng	动	assume (form, color, etc.), manifest	这种梨呈圆形。/ 臭氧在液态时呈深蓝色。
13.	集中	jízhōng	动	concentrate, focus	未来两天，冷空气集中在北部地区。
14.	距离	jùlí	动	be at a distance from	天津距离北京约有120公里。
15.	破坏	pòhuài	动	destroy	氟氯烃等气体能破坏臭氧层。
16.	逐步	zhúbù	副	step by step, gradually	人们的环保意识逐步提高。

练习 Exercises

1 根据汉字写拼音 Write *pinyin* according to the characters.

高压_____   危险_____   触电_____

着火_____   灭火_____   隔绝_____

距离_____   逐步_____

2 根据拼音写汉字 Write characters according to the *pinyin*.

diànyā _____   diànliú _____

chāochū _____   diànlù _____

sǐwáng _____   jí _____

jízhōng _____   pòhuài _____

3 连线组成词组

Match the words in the two columns to make phrases.

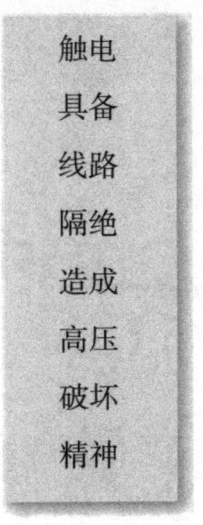
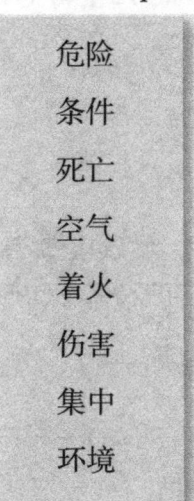

二 学习格式 **Useful Expressions**

1. 即使……也……

① 即使是匀速圆周运动，由于运动方向在不断改变，所以也是变速运动。

② 高压线路的电压极高，即使不直接接触，也能使人死亡。

③ 即使实验失败100次，我也不会放弃。

2. 只有……才……

① 只有不高于36V的电压才是安全的。

② 化学反应只有在一定条件下才能发生。

③ 化学平衡（pínghéng, balance）只有在一定的条件下才能够保持。

3. 只要……就……

① 只要具备上述条件之一，反应就能发生。

② 只要温度降到0℃以下，水就会结冰。

③ 只要谈到力，就一定存在着受力物体和施力物体。

4. 在……下

① 在高温下，铁能跟氯、硫、碳等非金属起反应。

② 在体积相同的情况下，物体的比重与它的重量成正比。

③ 在一定条件下，水可以变成冰。

练习　Exercises

1 与你的同伴完成下面的对话，并讨论答案是否正确

Complete the dialogues with your partner and discuss if the answers are correct.

（1）A：为什么高压线路很危险？

　　　B：因为_____。

（2）A：多高的电压才是安全的？

　　　B：只有_____。

（3）A：什么情况下能保持化学平衡？

　　　B：只有_____。

（4）A：如果实验失败了怎么办？

　　　B：即使_____。

（5）A：什么情况下水会变成冰？

　　　B：只要_____。

（6）A：受力物体与施力物体有什么关系？

　　　B：只要_____。

（7）A：物体的比重与它的重量成正比，需要什么条件？

　　　B：在_____下，_____。

2 选择适当的格式完成句子　Fill in the blanks with the suitable structures.

> 即使……也……　　只有……才……　　只要……就……　　在……下

（1）我下定了决心，_____遇到再大的困难，_____要坚持下去。

（2）没有录取通知书不行，_____收到了通知书_____能去学校报到。

（3）_____温度达到100℃以上，水_____会变成水蒸气。

（4）_____你不放弃，_____一定会成功！

（5）铁_____与氧气和水接触的情况_____会生成铁锈（氧化铁 ferric oxide）。

三　学习课文　Texts

（一）

止步 高压危险

　　你看到过"高压危险"的标志吧？电压越高，对人身的危险性越大。干电池的电压只有1.5V，对人不会造成伤害；家庭照明电路的电压是220V，就已经很危险了；高压线路的电压高达几万伏甚至几十万伏，即使不直接接触，也能使人死亡。

　　为什么电压越高越危险？

　　根据欧姆定律，导体中的电流与导体两端的电压成正比。人体也是导体，电压越高，通过的电流越大，对人身就越有危险。只有不高于36V的电压才是安全的。家庭电路的电压是220V，远远超出了安全电压，一旦发生触电，很可能有生命危险。

（二）

燃烧通常指的是具有发光放热现象的剧烈的化学反应。

物质燃烧应具备三个条件：1. 物质是可燃物；2. 可燃物跟空气或氧气接触；3. 可燃物的温度达到着火点。要使燃烧停止（即灭火），只要使燃烧物和空气隔绝，或使燃烧物的温度降低到它的着火点以下就可以了。

（三）

在常温、常压下，臭氧是一种有特殊臭味的淡蓝色气体，它的密度比氧气大，比氧气易溶于水，液态呈深蓝色，固态时呈紫黑色。自然界中的臭氧90%集中在距离地面15—50公里的大气平流层中，即通常所说的臭氧层。

大气中的臭氧层能吸收太阳的大部分紫外线，使地球上的生物免遭伤害。但氟氯烃（商品名为氟利昂 fúlì'áng）等气体能破坏臭氧层。因此，应减少并逐步停止氟氯烃的生产和使用，以保护臭氧层。

词语例释　Expressions used in sentences

1. 高达 + 数量

   ① 高压线路的电压高达几万伏甚至几十万伏。
   ② 中国每年电池的产量和消费量高达140亿节以上。
   ③ 棉花中纤维素含量高达98%。

2. 着火点

   ① 着火点又称为燃点，指使物质能够持续燃烧的最低温度。
   ② 纸的着火点是183℃，酒精的着火点是423℃。
   ③ 只要使燃烧物的温度降低到它的着火点以下就可以灭火。

3. 以（连词）

① 她利用各种机会与中国人交谈，以提高汉语听说水平。

② 国家在这个地区建立了自然保护区，以保护这里的野生动物。

③ 我们对物体施加压力，以改变它的运动状态。

练习　Exercises

1 根据课文内容判断下列句子的正误（对的画√，错的画×）
Decide if the sentences are true or false according to the texts. (true: √, false: ×)

（1）干电池对人没有危险性。　　　　　　　　　　　　　（　）

（2）家庭电路对人不会造成伤害。　　　　　　　　　　　（　）

（3）高压线路的电压高于220V。　　　　　　　　　　　　（　）

（4）即使不直接接触高压电，也会有危险。　　　　　　　（　）

（5）导体中的电流与导体两端的电压成正比。　　　　　　（　）

（6）36V以下的电压是安全的。　　　　　　　　　　　　（　）

（7）家庭电路的电压比安全电压高很多。　　　　　　　　（　）

（8）具有发光放热现象的化学反应叫做燃烧。　　　　　　（　）

（9）物质燃烧有三个条件。　　　　　　　　　　　　　　（　）

（10）使燃烧停止要同时有两个条件。　　　　　　　　　（　）

2 根据课文内容填空　Fill in the blanks according to the texts.

（1）高压线路的电压 _____ 几万伏 _____ 几十万伏，_____ 不直接接触，也能使人 _____。

（2）_____ 欧姆定律，导体中的电流 _____ 导体两端的电压 _____。

（3）只有不 _____ 36V的电压才是 _____ 的。

（4）家庭电路的电压远远 _____ 了安全电压，_____ 发生触电，很可能有生命危险。

（5）物质燃烧应 _____ 三个条件：
① 物质是 _____；② 可燃物 _____ 空气或氧气接触；③ 可燃物的温度达到 _____。

（6）要使燃烧停止，就要使 _____ 和 _____ 隔绝，或使燃烧物的温度 _____ 到它的 _____ 以下。

（7）臭氧在 _____ 时呈深蓝色，_____ 时呈紫黑色。

（8）应 _____ 并 _____ 氟氯烃的生产和使用，_____ 保护臭氧层。

3 根据课文内容回答问题　Answer the questions according to the texts.

（1）在高压线路旁边，为什么要有"高压危险"的标志？

（2）为什么电压越高越危险？

（3）物质燃烧应具备什么条件？

（4）要使燃烧停止应该如何做？

（5）大气中的臭氧层对地球有什么好处？

4 分别给三段课文加上合适的标题　Give a suitable title to each text.

课文一：_____

课文二：_____

课文三：_____

四　课外练习　Extra Exercises

1 组词　Make words.

（1）~路：公路　铁路　电路

　　____路　____路　____路　____路

（2）电~：电流　电压　电路

　　电____　电____　电____　电____

2 用下面的词语组成句子　Make sentences with the given words and expressions.

（1）干电池　造成　不会　伤害　对人

→ _____

（2）电压　越……越……　为什么　高　危险

→ _____

（3）只有……才……　安全　不高于　36 V　的　电压　是……的

→ _____

（4）三个　物质　条件　燃烧　应　具备

→ _____

3 查一查，说一说　Research and say.

除了"高压危险"的标志以外，你还见过哪些标志？

当心触电　让行人先行　剧毒品　爆炸品　易燃液体

4 扩展阅读　Extensive reading.

| 燃烧有狭义和广义之分。狭义的燃烧是指可燃物跟空气里的氧气发生的剧烈的氧化还原反应，而广义的燃烧是指一切发光、发热的剧烈的氧化还原反应。

燃烧还分为完全燃烧和不完全燃烧。燃烧若不完全，燃烧产生的气体极具可燃性，并且降低 | 有……之分　yǒu……zhī fēn
there are different kinds of

狭义　xiáyì　名　narrow sense

广义　guǎngyì　名　broad sense

极　jí　副　extremely
具　jù　动　possess, have |

了热能的利用率，还会造成大气污染。因此要设法使燃料完全燃烧。

热能	rènéng	名	thermal energy
率	lǜ	名	rate
污染	wūrǎn	动	pollute
设法	shèfǎ	动	think of a way (to accomplish sth.)

（1）为这段短文找出3~5个关键词　Please find out 3 to 5 key words of this passage.

_____

（2）回答问题　Answer the questions.
① 燃烧的分类有哪些？

② 解释下列词语：
　　狭义的燃烧——

　　广义的燃烧——

③ 不完全燃烧有什么坏处？

（3）和同学一起讨论总结：本课学的有关燃烧的知识
Discuss with your classmates and summarize the information about burning learned in this lesson.

5 试一试，说一说　Try and say.
点燃蜡烛（làzhú, candle），仔细观察蜡烛燃烧时发生了哪些变化。

6 想一想，猜一猜　Think and guess.
在同样的条件下，将两杯不同温度的牛奶一起放入冰箱里，温度高的牛奶与温度低的牛奶，哪一个冷得快？

7 手写体汉字认读　Recognize and read the following handwritten Chinese characters.

高压　危险　标志　电池　电压　电路　线路

即使　触电　接触　燃烧　具备　着火　降低

Zhōngguó de Shénzhōu Fēichuán
中国的神舟飞船
The Shenzhou Spaceship

　　Yī jiǔ jiǔ jiǔ nián shíyī yuè èrshí rì liù shí sānshí fēn, Zhōngguó dì yī sōu bú zài rén de
1999年11月20日6时30分，中国第一艘不载人的
shìyàn fēichuán "Shénzhōu Yī Hào" fāshè shēngkōng, cóngcǐ jiēkāile Zhōngguó zài rén
试验飞船"神舟一号"发射升空，从此揭开了中国载人
hángtiān jìshù fāzhǎn de xīn de yí yè. Èr líng líng yī nián dào Èr líng líng sān nián, Zhōngguó
航天技术发展的新的一页。2001年到2003年，中国
yòu lùxù chénggōng fāshèle jǐ sōu wú rén fēichuán. Èr líng líng sān nián shí yuè shíwǔ rì, Zhōng-
又陆续成功发射了几艘无人飞船。2003年10月15日，中
guó dì yī sōu zài rén fēichuán "Shénzhōu Wǔ Hào" chénggōng fāshè, biāozhìzhe Zhōngguó
国第一艘载人飞船"神舟五号"成功发射，标志着中国
yǐ chéngwéi shìjiè shang dì sān ge dúzì jiāng rénlèi sòngrù tàikōng de guójiā. Yáng Lìwěi
已成为世界上第三个独自将人类送入太空的国家。杨利伟
chéngwéi Zhōngguó fēitiān dì yī rén. Shí gé liǎng nián, èr líng líng wǔ nián shí yuè shí'èr
成为中国飞天第一人。时隔两年，2005年10月12
rì, "Shénzhōu Liù Hào" zàizhe liǎng míng hángtiānyuán zàicì shēngrù tàikōng, zài fēixíng
日，"神舟六号"载着两名航天员再次升入太空，在飞行
yìbǎi yīshíwǔ xiǎoshí sānshí'èr fēnzhōng、rào dìqiú qīshíqī quān zhīhòu chénggōng fǎnhuí
115小时32分钟、绕地球77圈之后成功返回
dìqiú.
地球。

第十九课 Lesson 19

推论总结 Inference and Conclusion

学习目标 Objectives

1. 学会推论总结的汉语表达方法。
2. 学会下面的常用格式：
   （1）实验表明
   （2）由此可见
   （3）综上所述

一 学习词语 Vocabulary

科技词语　Words and phrases of science and technology

1.	镁	měi	名	magnesium (Mg)	
2.	金	jīn	名	gold (Au)	
3.	常量	chángliàng	名	constant (quantity)	常量元素
4.	微量	wēiliàng	名	microscale	微量元素
5.	钡	bèi	名	barium (Ba)	
6.	钛	tài	名	titanium (Ti)	
7.	汞	gǒng	名	mercury (Hg)	
8.	镉	gé	名	cadmium (Cd)	
9.	摄入	shèrù	动	take in, ingest	人体每天摄入的盐不应超过5克。

通用词语 Common words and phrases

1.	程度	chéngdù	名	level, degree	这两门课的难易程度不同。
2.	炼	liàn	动	smelt, refine	焦炭（coke）是用煤炼出来的。
3.	由此	yóu cǐ		from this, therefrom	由此得出结论：电压越高越危险。
4.	次之	cì zhī		take the second place	空气中氮气含量最多，氧气次之，其他成分很少。
5.	特性	tèxìng	名	special characteristic, feature	水的特性是什么？
6.	至关重要	zhì guān zhòngyào		of vital importance	保持正常体重对健康至关重要。
7.	均	jūn	副	all	正数、负数和零均为有理数。
8.	侵害	qīnhài	动	encroach on	要防止有害元素侵害人体。

练习 Exercises

1 根据汉字写拼音 Write *pinyin* according to the characters.

金_____ 镁_____ 摄入_____

汞_____ 炼_____ 均_____

微量_____ 侵害_____

2 根据拼音写汉字 Write characters according to the *pinyin*.

biǎomíng _____   chángliàng _____

chéngdù _____   cì zhī _____

tèxìng _____   yóu cǐ _____

3 在（　）中填入合适的词语　Fill in each blank with a suitable word.

> 表明　程度　次之　均　特性　至关重要

（1）他在会上（　　　　）了自己的观点。

（2）所有药物（　　　　）有副作用。

（3）学习汉字对学好汉语（　　　　）。

（4）你了解金属的（　　　　）吗？

（5）人们常说：健康至上，美貌（　　　　），财富第三。

（6）不同物质燃烧的剧烈（　　　　）不同。

二　学习格式　Useful Expressions

1. 实验表明

　①实验表明，大多数金属都能与氧气发生反应。

　②实验表明，碘几乎不溶于水，却可以溶解在汽油中。

　③奥斯特的实验表明，电流的周围存在着磁场。

2. 由此可见

　①由此可见，车轮做成圆形也蕴涵了丰富的数学道理。

　②由此可见，化学平衡是一种动态平衡。

　③由此可见，质量是物体惯性大小的量度。

3. 综上所述

　①综上所述，各种物质的密度是一定的，不同物质的密度一般不同。

　②综上所述，气体受热体积膨胀。

　③综上所述，人体由50多种元素组成，根据含量多少，可分为常量元素和微量元素。

练习 Exercises

与你的同伴完成下面的对话，并讨论答案是否正确
Complete the dialogues with your partner and discuss if the answers are correct.

（1）A：金属可以跟氧气发生反应吗？

B：实验表明，_____。

（2）A：你知道地球上有多少化学元素吗？

B：从元素周期表可以看出，_____。

（3）A：当反应达到平衡状态时，正反应和逆反应都仍在继续进行，这说明了什么？

B：由此可见，化学平衡_____。

（4）A：夏天，自行车的轮胎（lúntāi, tyre）很容易爆（bào, explode），由这个例子可以看出什么？

B：由这个例子可以看出，_____。

（5）A：当我们用手拍桌面的时候，会觉得手有点儿疼，这说明了什么物理现象？

B：_____。

三 学习课文 Texts

（一）

实验表明，大多数金属都能与氧气发生反应，但反应的难易程度和剧烈程度不同。例如，镁、铝等在常温下就能与氧气反应；铁、铜等在常温下几乎不与氧气反应，但在高温时能与氧气反应。中国有句老话，"真金不怕火炼"，就是说明金即使在高温时也不与氧气反应。由此可见，镁、铝比较活泼，铁、铜次之，金最不活泼。

（二）

一切物体都有保持原有运动状态的特性。我们把物体的这种特性叫做惯性。如果一个物体由静止变为运动，或者由运动变为静

止，就说明它的运动状态发生了改变。如果一个物体速度的大小或方向变了，也说明它的运动状态发生了改变。

（三）

我们周围世界的物质是由100多种元素组成的，而组成人体自身的元素约有50多种。人体中含量较多的元素有11种，它们约占人体质量的99.95%。在人体中含量超过0.01%的元素，称为常量元素，如表1所示。含量在0.01%以下的元素，称为微量元素。有些微量元素在人体中的含量虽然很小，却是维持正常生命活动所必需的，如表2所示。除了常量元素和一些必需微量元素外，还有一些微量元素是人体的非必需元素，如铝、钡、钛等；另一些则为有害元素，如汞、铅、镉等。

综上所述，人体由50多种元素组成，根据含量多少，可分为常量元素和微量元素。常量元素和一些微量元素是人体必需的，它们对人体的生长和健康至关重要。对于人体必需元素，要注意合理摄入，摄入不足或过量均不利于人体健康。防止有害元素对人体的侵害是人类健康生活的重要保证。

表1 人体中含量较多的化学元素

元素名称	元素符号	质量分数（%）
氧	O	65.0
碳	C	18.0
氢	H	10.0
氮	N	3.0
钙	Ca	2.0
磷	P	1.0
钾	K	0.35
硫	S	0.25
钠	Na	0.15
氯	Cl	0.15
镁	Mg	0.05

表2 一些人体必需的微量元素

元素名称	元素符号
铁	Fe
钴（gū）	Co
铜	Cu
锌（xīn）	Zn
铬（gè）	Cr
锰（měng）	Mn
钼（mù）	Mo
氟（fú）	F
碘	I
硒（xī）	Se

练习　Exercises

1 根据课文一判断下列句子的正误（对的画√，错的画×）
Decide if the sentences are true or false according to the texts. (true: √, false: ×)

（1）金属都能与氧气发生反应。　　　　　　　　　　　　　　（　　）

（2）不同的金属与氧气反应的难易程度和剧烈程度不同。　　　（　　）

（3）铁、铜在常温下能与氧气反应。　　　　　　　　　　　　（　　）

（4）镁、铝在高温时能与氧气反应。　　　　　　　　　　　　（　　）

（5）金从不与氧气发生反应。　　　　　　　　　　　　　　　（　　）

（6）从金属的活泼程度来看，镁、铝最高，铁、铜次之。　　　（　　）

2 根据课文二选择正确答案　Choose the correct answers according to Text 2.

（1）物体保持原有的运动状态，这种性质可以称为：（　　）

　　A. 物体的运动　　　　　　　　B. 物体的改变

　　C. 物体的静止　　　　　　　　D. 物体的惯性

（2）不属于物体的运动状态改变的是：（　　）

　　A. 由静止变为运动　　　　　　B. 由运动变为静止

　　C. 保持原有运动状态　　　　　D. 运动的速度改变

3 根据课文三回答问题　Answer the questions according to Text 3.

（1）我们根据什么来划分人体中的常量元素和微量元素？

（2）常量元素在人体中的含量是多少？

（3）微量元素在人体中的含量是多少？

（4）根据表1，含量最多和最少的常量元素分别是什么？

（5）人体中非必需元素和有害元素分别有哪些？

4 分别归纳三段课文的主要意思　Summarize the main idea of each text.

（1）课文一：_____

（2）课文二：_____

（3）课文三：_____

四 课外练习 Extra Exercises

1 组词 Make words.

(1) ~场/场~：操场　磁场　场所　场面

_____场　_____场　_____场　场_____　场_____

(2) ~性/性~：特性　惯性　性格　性质

_____性　_____性　_____性　性_____　性_____

2 用下面的词语组成句子　Make sentences with the given words and expressions.

(1) 电流　的　存在着　表明　周围　磁场　实验

→_____

(2) 一切物体　保持　运动状态　都有　原有　特性　的

→_____

(3) 从……可以看出　金　化学性质　不活泼　最　的　实验事实

→_____

3 句子排序　Put the sentences in the correct order.

(1) A. 其表面生成一层氧化铝（Al_2O_3）薄膜

B. 铝在空气中与氧气反应

C. 因此，铝具有很好的抗腐蚀性能

D. 从而阻止铝进一步氧化

正确顺序：_____

(2) A. 我们周围世界的物质是由 100 多种元素组成的

B. 因此，人体中的元素在自然界中都能找到

C. 而组成人体自身的元素约有 50 多种

D. 人总是和外界环境进行着物质和能量的交换

E. 与其他生物体一样

正确顺序：_____

4 把括号里的词语放在句中合适的位置
Put the words given in the brackets in the proper positions in the sentences.

（1）实验 A 表明，金 B 在高温时 C 也不与氧气 D 反应。（即使）

（2）力 A 的作用 B 可以发生在两个 C 物体 D。（之间）

（3）酸与碱 A 之间有一种相互 B、相互 C 转让 D 的关系。（依存）

（4）人体必需元素的 A 摄入不足或 B 过量 C 不利于人体 D 健康。（均）

5 扩展阅读 Extensive reading.

pH (potency of hydrogen) 是溶液中氢离子活度的一种标度，也就是通常意义上溶液酸碱程度的衡量标准。溶液的pH值是影响化学反应的重要条件之一。在生物化学中，起着重要作用的酶，就需要在特定的pH条件下才能发挥有效的作用。如果pH稍有偏离，酶的活性就会大大降低，甚至失去活力。人的血浆pH值约为7.4，稍有偏离就会生病。总之，化学反应要在适当而稳定的pH条件下进行。

氢离子	qīnglízǐ	名	hydrogen ion
活度	huódù	名	activity
标度	biāodù	名	scale
酸碱	suānjiǎn	名	acid-base
pH值	pHzhí	名	pH value
酶	méi	名	enzyme
特定	tèdìng	形	specific
发挥	fāhuī	动	bring into play
稍	shāo	副	slightly
偏离	piānlí	动	deviate
大大	dàdà	副	greatly
血浆	xuèjiāng	名	blood plasma
总之	zǒngzhī	连	in a word

（1）给这段短文加一个合适的标题 Give a suitable title to this passage.

_____

（2）回答问题 Answer the questions.

① 什么是pH?

② 溶液的pH值有什么作用?

③ 酶如何才能发挥有效作用?

④ 酶不能发挥有效作用的表现是什么？

⑤ 人体与 pH 值有什么关系？

⑥ 短文的结论是什么？

（3）朗读并学习与"值"有关的词语　Read aloud and learn the words with "值".

数——数值　　　　　　有效——有效值
比——比值　　　　　　绝对——绝对值
价——价值　　　　　　平均——平均值

6 查一查，说一说　Research and say.

你还了解哪些关于 pH 值的知识？　Do you know anything else about pH?

7 画一画，比一比　Draw and compare.

（1）在 A4 纸上画树，画完以后比一比，看谁画的树最高。
　　　Draw a tree on a piece of A4 size paper. Then see who draws the best.

（2）用一笔画出奥运会会标，和同学比一比，看谁画得最快。
　　　Draw the following Olympic sign in one stroke. See who draws the fastest.

8 手写体汉字认读　Recognize and read the following handwritten Chinese characters.

表明　　程度　　次之　　保持　　特性　　无法　　传播

特定　　发挥　　有效　　作用　　偏离　　血浆　　总之

Yuánsù de Zhōngwén Míngchēng
元素的中文名称
The Chinese Names of Elements

Huàxué yuánsù Zhōngwén míngchēng de zào zì shì yǒu guīlǜ de, wǒmen cóng hànzì de
化学元素中文名称的造字是有规律的，我们从汉字的
piānpáng jiù kěyǐ zhīdao tāmen shǔyú nǎ yí lèi yuánsù: yǒu "jīn" zìpáng de shì jīnshǔ
偏旁就可以知道它们属于哪一类元素：有"金"字旁的是金属
yuánsù, rú jiǎ、gài děng; yǒu "shí" zìpáng de shì gùtài fēijīnshǔ yuánsù, rú
元素，如钾、钙（Ca）等；有"石"字旁的是固态非金属元素，如
tàn、 guī děng; yǒu "qì" zìtóu de shì qìtài fēi jīnshǔ yuánsù, rú yǎng
碳（C）、硅（Si）等；有"气"字头的是气态非金属元素，如氧（O）、
qīng děng; yǒu "sāndiǎnshuǐ" de shì yètài fēijīnshǔ yuánsù, rú xiù   Zhǐyǒu
氢（H）等；有"氵"的是液态非金属元素，如溴（Br）。只有
gǒng liwài, tōngcháng zhuàngkuàng xià tā shì yètài jīnshǔ yuánsù.
汞（Hg）例外，通常状况下它是液态金属元素。

第二十课 Lesson 20

问题解读（一）
Understanding the Problems（Ⅰ）

学习目标 Objectives

1. 掌握问题解读的基本术语。
2. 学会下面的常用格式：
   （1）分析其成因并讨论
   （2）举出具体的实例
   （3）举出反例
   （4）结合实例说明

一 学习词语 Vocabulary

科技词语 Words and phrases of science and technology

1. 转化	zhuǎnhuà	动	transform	能量可以相互转化。
2. 形变	xíngbiàn	名	deformation	
3. 内接	nèijiē	动	inscribe	
4. 多边形	duōbiānxíng	名	polygon	
5. 中线	zhōngxiàn	名	central line	
6. 再生	zàishēng	动	regenerate	
7. 能源	néngyuán	名	energy sources	地球上的很多能源是不可再生的。
8. 求解	qiújiě	动	solve	用几种不同的方法求解。

通用词语　Common words and phrases

1.	否	fǒu	动	no	你能否说说这种物质的物理性质？
2.	描述	miáoshù	动	describe	描述当时的情况
3.	调查	diàochá	动	investigate	调查事故发生的原因
4.	火灾	huǒzāi	名	fire (as a disaster)	
5.	事例	shìlì	名	case, example	
6.	入手	rùshǒu	动	start with	学习外语先从语音入手。
7.	局部	júbù	名	part (*in contrast to the whole*)	这只是一个局部问题，对全局影响不大。
8.	概括	gàikuò	动	summarize	用一句话概括课文的意思。
9.	归纳	guīnà	动	induce, sum up	我把大家的意见归纳为三点。
10.	猜想	cāixiǎng	动	suppose, guess	猜想问题的结论
11.	之	zhī	代	used as a substitute for a person or thing mentioned previously	观众无不为之感动。/ 求之不得

练习　Exercises

1 根据汉字写拼音　Write *pinyin* according to the characters.

描述_____　　内接_____　　能源_____

火灾_____　　概括_____　　归纳_____

2 根据拼音写汉字　Write characters according to the *pinyin*.

diàochá _____　　　　zàishēng _____

rùshǒu _____　　　　cāixiǎng _____

zhuǎnhuà _____　　　shìlì _____

3 把左边的词语与右边的解释连接起来
Match the words in the left column with their explanations in the right.

求证	物体发生的伸长、缩短、弯曲等变化。
求解	为了了解情况进行考察。
记录	可以重新生长或者可以重新被利用。
解释	说明某事的含义、原因、理由等。
调查	开始做。
概括	把听到的话或发生的事写下来。
入手	寻找原因、根据并证明。
形变	把事物的共同特点归结在一起。
再生	数学上指从已知条件出发去寻求未知问题的答案。
命题	表达判断的语言形式,如"四边形是平行四边形"。

二 学习格式 Useful Expressions

1. 分析其成因并讨论
   ① 从能量转化的角度分析其成因并讨论如何防止火灾。
   ② 这两种物质非常相似,请分析其成因并讨论它们的产生过程。
   ③ 这次事故非常严重,我们应该结合事实分析其成因并讨论带来的危害。

2. 举出具体的实例
   ① 举出具体的实例来说明问题发生的原因。
   ② 物理变化很常见,你能举出具体的实例吗?
   ③ 我们在证明自己的观点的时候,应该举出具体的实例。

3. 举出反例
   ① 各边相等的圆内接多边形是正多边形吗?如果不是,举出反例。
   ② 如果两个多边形仅有对应角相等,它们相似吗?若不相似,请举出反例。
   ③ 你认为上面的观点对吗?如果不对,请举出反例。

4. 结合实例说明

① 结合实例说明不可再生能源和可再生能源的特点。
② 你能结合实例说明应用函数模型解决问题的基本过程吗?
③ 你能结合实例说明这种现象存在的根本原因吗?

三 学习课文 Texts

(一) 20-3

通过日常生活中对空气的观察,你能否描述氮气的物理性质?

调查本地历史上火灾发生的事例,从能量转化的角度分析其成因并讨论如何防止火灾。

(二) 20-4

举出具体的实例来说明:1. 力能够改变物体的运动状态或让物体产生形变;2. 每一个力,都有一个施力物体和一个受力物体。

各边相等的圆内接多边形是正多边形吗?各角相等的圆内接多边形呢?如果是,说明为什么?如果不是,举出反例。

求证:如果三角形一条边上的中线等于这条边的一半,那么这个三角形是直角三角形。

(三) 20-5

结合实例说明不可再生能源和可再生能源的特点。

从牛顿第二定律知道,无论怎样小的力都可以使物体产生加速度。可是,我们用力提一个很重的箱子,却提不动它。这跟牛顿第二定律有没有矛盾?应该怎样解释这个现象?

（四）

在求解数学问题时，往往先从简单的特殊情况入手，取得局部的经验结果。然后以这些经验做基础，概括归纳共同特点，猜想问题的结论。猜想的结论是否正确，往往是要证明的。

例：观察等式 21+12=33，43+34=77，53+35=88，87+78=165，98+89=187。试猜想出一个命题，并证明之。

猜想 $\overline{ab}+\overline{ba}=(a+b)\times 11$，其中 a、b 为小于10的自然数。

证明 $\overline{ab}+\overline{ba}=(a\times 10+b)+(b\times 10+a)$
$=(a+b)\times 10+(a+b)$
$=(a+b)\times 11$

词语例释　Expressions used in sentences

1. 描述

① 请你描述一下这种物质的物理性质。

② 他向大家描述了当时的情景。

③ 请描述一下这种东西的形状。

2. 求证

① 求证此四边形是平行四边形。

② 求证两个三角形是全等三角形。

③ 求证直线 a 平行于平面。

3. 以……+ 动词

① 以这些经验做基础，概括归纳其共同特点。

② 现在很多人都以电脑输入代替手写。

③ 化学是一门以实验为基础的科学。

练习 Exercises

1 根据课文内容判断下列句子的正误（对的画 √，错的画 ×）
Decide if the sentences are true or false according to the texts. (true: √, false: ×)

（1）"你能否描述……"的意思就是"你能不能画出……"。（   ）
（2）"分析成因"的意思是找出形成的原因。（   ）
（3）"举出实例来说明"就是找出具体的例子证明。（   ）
（4）有的力只有施力物体。（   ）
（5）"举出反例"的意思就是举出错误的例子。（   ）
（6）"结合实例说明"的意思就是"利用具体的例子来说明"。（   ）
（7）"应该怎样解释这个现象"就是要求你解释这个现象。（   ）
（8）在求解数学题时，往往先做简单的题。（   ）
（9）猜想出来的结论需要证明。（   ）

2 根据课文内容填空　Fill in the blanks according to the texts.

（1）调查本地历史上火灾发生的_____，从能量转化的角度_____
　　_____如何防止火灾。

（2）举出具体的_____来说明力能够改变物体的运动_____或让物
　　体产生_____。

（3）结合_____说明不可_____能源和可_____能源的特点。

（4）无论_____小的力_____可以使物体产生_____速度。

3 把括号里的词语放在句中合适的位置
Put the words given in the brackets in the correct positions in the sentences.

（1）A 请 B 氮气 C 的物理 D 性质。　（描述）
（2）你能 A 结合 B 说明 C 这种现象 D 存在的根本原因吗？　（实例）
（3）A 这两种物质非常相似，请 B 分析 C 其成因并 D 它们的产生过程。
　　　　　　　　　　　　　　　　　　　　　　　　　　　　　　（讨论）
（4）你认为 A 上面的 B 观点对吗？如果 C 不对请举出 D。　（反例）
（5）A 以上 B 命题 C 正确，请 D 证明。　（是否）

4 从课文中找出可以作为命题的句子　Find the topic sentence of each text.

_____
_____
_____
_____

四　课外练习　Extra Exercises

1 组词　Make words.

（1）再~：再生　再见　再说

　　　再_____　再_____　再_____　再_____　再_____

（2）~变/变~：形变　改变　变化

　　　_____变　_____变　变_____　变_____　变_____

2 用下面的词语组成句子　Make sentences with the given words and expressions.

（1）历史上　调查　发生　本地　事例　火灾　的

　　→_____

（2）状态　力　改变　能够　运动　的　物体

　　→_____

（3）结合　说明　不可再生能源　可再生能源　实例　和　特点　的

　　→_____

（4）怎样小的力　可以　无论　加速度　都　使物体　产生

　　→_____

3 想一想，读一读 Think and read.

(1) 这两种物质非常相似，请分析其成因并讨论它们的产生过程。
(2) 请描述一下当时的情况。
(3) 物理变化很常见，你能举出具体的实例吗？
(4) 你认为上面的观点对吗？如果不对，请举出反例。
(5) 你能结合实例说明这种现象存在的根本原因吗？

4 扩展阅读 Extensive reading.

通过观察，你能不能简单地描述钠的物理性质？

结合自己的生活经验和知识，尽可能多地描述氧气和二氧化碳的性质，试着判断哪些属于物理性质，哪些属于化学性质，利用哪些方法可以区分它们，并将你的看法与同学交流一下。

尽	jìn	动	use up, exhaust
判断	pànduàn	动	judge, decide
属于	shǔyú	动	belong to

对一支蜡烛在点燃前、燃烧时和熄灭后的三个阶段进行观察，并将观察到的现象在下表中作详尽的、客观的描述和记录。

详尽	xiángjìn	形	detailed
客观	kèguān	形	objective
记录	jìlù	动	note down, record

表　对蜡烛及其燃烧的探究

探究步骤	对现象的观察和描述
点燃前	
燃烧时	
熄灭后	

| 熄灭 | xīmiè | 动 | extinguish, go out |

（1）根据短文内容填空　Fill in the blanks according to the passage.

①结合自己的生活_____和_____，尽可能多地_____氧气和二氧化碳的性质，试着_____哪些_____物理性质，哪些_____化学性质。

②对一支蜡烛在点燃前、燃烧时和熄灭后的三个_____进行_____，并将观察到的现象在下表中作_____的、客观的_____和_____。

（2）回答问题　Answer the questions.

①短文的第一段给我们的任务是什么？

②短文的第二段给我们的任务是什么？

③短文的第三段给我们的任务是什么？

5　画出下列句子中用于问题解读的常用词语
Please underline the words and expressions frequently used in clarifying problems.

（1）从能量转化的角度分析其成因并讨论如何防止火灾。

（2）上图是力没有做功的几个实例。结合实例，想想力为什么没有做功。

（3）结合具体的数，通过特例进行归纳，然后判断下列说法的对错。认为对，说明理由；认为错，举出反例。

（4）影响反应速率的主要因素有哪些？请举例说明。

6　想一想，猜一猜　Think and guess.

将数字45分成4份，要求在第一份加2、第二份减2、第三份乘2、第四份除以2时的结果相等。你知道应该怎么分吗？

7　手写体汉字认读　Recognize and read the following handwritten Chinese characters.

描述　　调查　　火灾　　事例　　转化　　形变

求证　　再生　　能源　　解释　　中线　　内接

判断　　属于　　客观　　详尽

古老的计算器——算盘
Abacus, an Ancient Calculator

算盘产生于公元前600年,是中国古代的一项重要发明,体现了中国古代人的聪明才智。在阿拉伯数字出现以前,算盘是世界上广为使用的计算工具。

现在,虽然已经进入了电子计算机时代,但是古老的算盘仍在发挥着重要的作用。使用算盘和珠算有很多好处,除了运算方便以外,还有锻炼思维能力的作用。因为打算盘需要脑、眼、手的密切配合,是锻炼大脑的一种好方法。

第二十一课 Lesson 21

问题解读（二）
Understanding the Problems (Ⅱ)

学习目标 Objectives

1. 学会关于问题解读的汉语表达方法。
2. 学会下面的常用格式：
   （1）将……加以改正
   （2）补出空缺 / 完成填空
   （3）整理记录 / 写出探究报告
   （4）用图示表示

一 学习词语 Vocabulary

科技词语 Words and phrases of science and technology

1. 木星	mùxīng	名	Jupiter	
2. 公转	gōngzhuàn	动	revolve (around the sun)	地球除自转外，还围绕太阳公转。
3. 行星	xíngxīng	名	planet	
4. 卫星	wèixīng	名	satellite	
5. 观测	guāncè	动	observe	科学家们经常观测行星的变化。
6. 烧杯	shāobēi	名	beaker	

通用词语 Common words and phrases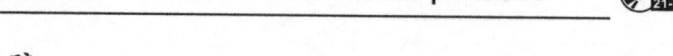

1. 壁	bì	名	wall	墙壁 / 烧杯壁
2. 推测	tuīcè	动	infer, guess	我们可以推测一下后果。

3.	里程碑	lǐchéngbēi	名	milestone	
4.	估测	gūcè	动	estimate	估测一下这两点之间的距离。
5.	加以	jiāyǐ	动	used before disyllabic verbs to indicate how to deal with the matter mentioned above	遇到问题要及时加以解决。
6.	改正	gǎizhèng	动	correct, put right	有错误就应该加以改正。
7.	模拟	mónǐ	动	simulate	HSK模拟考试
8.	统计	tǒngjì	动	collect statistics	
9.	空缺	kòngquē	名	vacancy	补出表中的空缺。
10.	整理	zhěnglǐ	动	put in order	整理笔记 / 整理材料
11.	课题	kètí	名	question or topic for study or discussion	
12.	探究	tànjiū	动	probe into	探究某种现象产生的原因
13.	参考	cānkǎo	动	refer to, consult	可以参考这本书。
14.	教科书	jiàokēshū	名	textbook	
15.	格式	géshì	名	format	
16.	环节	huánjié	名	link	

练习　Exercises

1 根据汉字写拼音　Write *pinyin* according to the characters.

行星_____　　公转_____　　烧杯_____

估测_____　　统计_____　　模拟_____

格式_____　　环节_____

2 根据拼音写汉字 Write characters according to the *pinyin*.

wèixīng _____   guāncè _____

cānkǎo _____   tuīcè _____

gǎizhèng _____   tànjiū _____

3 把左边的词语与右边的解释连接起来
Match the words in the left column with their explanations in the right.

观测	利用有关材料帮助了解情况。
步骤	照某种现成的样子学着做。
推导	观察并测量。
探究	事情进行的程序。
模拟	根据已知的公理、定义、定理、定律等经过演算和逻辑推理而得出新结论。
统计	探索追究。
参考	指对某一现象有关数据的搜集、整理、计算和分析等。

二 学习格式 Useful Expressions

1. 将……加以改正
   ① 读下面的题，看有没有错误，并将错误的题加以改正。
   ② 指出下列说法中哪些是不合理的，将不合理的说法加以改正。
   ③ 将下列写错的元素符号加以改正。

2. 补出空缺 / 完成填空
   ① 请补出表中的空缺。
   ② 根据表格内容，补出表中的空缺。

③ 根据课文内容完成填空。
④ 阅读并完成课后填空。

3. 整理记录 / 写出探究报告
① 每次上课后，我们都应该整理听课记录。
② 整理本课题的探究活动记录。
③ 根据试验的步骤，写出探究报告。
④ 整理本课题的探究活动记录，参考教科书中提供的格式，写出探究报告。

4. 用图示表示
① 请用图示表示今年各个地方的收入情况。
② 用图示表示班级里学生的考试成绩变化。
③ 将科学探究必要的环节或步骤写下来，并用图示表示它们之间的关系。

三 学习课文 Texts

（一）

木星是围绕太阳公转的行星之一，木星的周围又有卫星围绕它进行公转。如果要通过观测求得木星的质量，需要测量哪些质量？试推导用这些量表示木星质量的计算式。

仔细观察烧杯壁上分别有什么现象发生。推测蜡烛燃烧后可能生成了什么物质。

（二）

在公路旁每隔 1km 就立一个里程碑。利用里程碑如何估测自行车的速度？

已知半径为 r cm 的圆的面积是半径为 2cm 和 3cm 的两个圆的面积的和，求 r 的值。

（三）

将下列写错的元素符号加以改正。

判断下列说法是否正确，并改正错误的说法。

表1是一张模拟的统计表，请补出表中的空缺，并完成表后的填空。

（四）

整理本课题的探究活动记录，参考教科书中提供的格式（或自己设计报告的格式），写出探究报告。

结合自己的体会，将科学探究必要的环节（或步骤）写下来，并用图示表示它们之间的关系。

词语例释　Expressions used in sentences

1. 试推导
   ① 试推导用这些量表示的木星质量的计算式。
   ② 试推导以上两个式子的关系。
   ③ 以上是计算方法，根据计算方法试推导计算公式。

2. 加以
   ① 请指出错误，然后加以改正。
   ② 做化学试验有时候很危险，我们应该加以注意。
   ③ 关于这个问题，我们下面分几种情况加以讨论。

练习　Exercises

1 根据课文内容判断下列句子的正误（对的画√，错的画×）
Decide if the sentences are true or false according to the texts. (true: √, false: ×)

（1）推导就是根据已经知道的情况进行推测或者找出结果。　　　　（　　）

（2）木星是一颗行星。　　　　（　　）

（3）做实验时，我们要仔细观察，记录发生的变化。　　　　（　　）

（4）利用公路旁的里程碑我们无法测出自行车的速度。　　　（　　）

（5）"已知"就是我们已经知道的条件或者情况。　　　　　　（　　）

（6）"填表"和"补充表中的空缺"意思基本一样。　　　　　（　　）

（7）写报告不用按照步骤来写。　　　　　　　　　　　　　（　　）

（8）"用图示表示"就是画出图来表示。　　　　　　　　　　（　　）

2 根据课文内容填空　Fill in the blanks according to the texts.

（1）如果要通过_____求得木星的质量，需要_____哪些质量？试_____用这些量表示木星质量的计算式。

（2）仔细_____烧杯壁上分别有什么现象发生。_____蜡烛燃烧后可能生成了什么物质。

（3）表1是一张模拟的统计表，请_____表中的_____，并完成表后的_____。

（4）_____本课题的探究活动_____，参考教科书中提供的格式，写出探究_____。

（5）结合自己的体会，将科学探究必要的_____写下来，并用_____表示它们之间的关系。

3 把括号里的词语放在句中合适的位置
Put the words given in the brackets in the proper positions in the sentences.

（1）A 木星是 B 太阳 C 公转的行星 D 之一。　　（绕）

（2）A 仔细 B 烧杯壁上 C 分别有什么 D 现象发生。　（观察）

（3）A 利用 B 里程碑如何 C 自行车的 D 速度？　（估测）

（4）将 A 下列 B 写错的元素 C 符号 D 改正。　（加以）

（5）请 A 表中的空缺，并 B 完成 C 表后的 D 填空。　（补出）

（6）A 本课题的探究 B 活动记录，C 参考教科书中提供的格式，写出探究 D 报告。　（整理）

四 课外练习　Extra Exercises

1 组词　Make words.

(1) 推~：推导　推测　推理

推_____　推_____　推_____　推_____　推_____

(2) 观~：观测　观察　观看

观_____　观_____　观_____　观_____　观_____

(3) ~题/题~：问题　课题　题目　题解

_____题　_____题　_____题　题_____　题_____

2 用下面的词语组成句子　Make sentences with the given words and expressions.

(1) 生成了　蜡烛　推测　可能　物质　什么　燃烧后

　→_____

(2) 下列　判断　说法　正确　是否

　→_____

(3) 用　请　表示　图示　今年　收入情况　各个地方的

　→_____

(4) 结合　科学探究　体会　自己的　必要的步骤　将　写下来

　→_____

3 想一想，读一读　Think and read.

(1) 科学家们经常观测行星的变化。

(2) 指出下列说法中哪些是不合理的，将不合理的说法加以改正。

(3) 根据表格内容，请补出表中的空缺。

(4) 根据试验的步骤，请写出探究报告。

(5) 请用图示表示今年各个地方的收入情况。

（6）试推导以上两个式子的关系。

（7）做化学试验有时候很危险，我们应该加以注意。

4 扩展阅读　Extensive reading.

在数学中，现代意义上的"算法"通常是指可以用计算机来解决的某一类问题的程序或步骤。这些程序或步骤必须是明确和有效的，而且能够在有限步骤之内完成。	程序　chéngxù　名　procedure 有效　yǒuxiào　形　effective
案例：现有黑和蓝两个墨水瓶，蓝墨水瓶里装了黑墨水，黑墨水瓶里装了蓝墨水，现要求将它们交换，试描述其算法。	案例　ànlì　名　case 墨水　mòshuǐ　名　ink
解析：为了交换两个瓶中的墨水，必须再准备一个空瓶，进行转换，算法步骤如下： 　　第一步：将黑瓶中的蓝墨水倒入空瓶中； 　　第二步：将蓝瓶中的黑墨水倒入黑瓶中； 　　第三步：将蓝墨水倒入蓝瓶中； 　　第四步：交换结束。	解析　jiěxī　动　analyze 转换　zhuǎnhuàn　动　transform

（1）用一句话写出这段短文的主要意思
　　　Write down the main idea of the passage in one sentence.

(2) 回答问题　Answer the questions.
   ① 在数学中，"算法"指的是什么？

   ② 为了交换两个瓶中的墨水，必须准备的东西有什么？

   ③ 说出交换墨水的算法步骤。

5 根据所学的知识设计一个实验报告，写出这个实验的目的、所依据的原理、主要操作步骤、所得出的结论以及实验中发现的新问题等。层次要分明，条理要清楚。
Design a lab report according to the knowledge you have learned. Write down the purpose, theoretical basis, main steps and conclusion of the experiment as well as the new problems found in the experiment. Write it in a well-organized way.

6 想一想，猜一猜　Think and guess.

谁将成为幸运者

要从一个班的30名同学中选出一名幸运者去参加免费旅行，采用如下的选拔办法：将30人从1到30编号，编号后依次序围坐成一圈，然后从1号开始依次数1、2、3、4，数到4者退出。这样数下去，直到最后剩下一人，即为幸运者。那么幸运者最初的编号应是多少？

7 手写体汉字认读　Recognize and read the following handwritten Chinese characters.

公转　行星　观测　推导　烧杯　推测　估测

加以　改正　模拟　统计　空缺　整理　课题

奇妙的网上博物馆
Fantastic Online Museums

1999年10月25日，中国科普博览网站（http://www.kepu.net.cn）开通。这是中国第一家大型的虚拟博物馆群，被科普界誉为"没有围墙的博物馆群"。这个网站目前有70多个虚拟博物馆，形成了以"万物之理、生命奥秘、地球故事、星宇迷尘、科技之光、文明星火"六大展区为主的虚拟博物馆群，内容覆盖了自然科学的绝大部分学科和社会科学部分领域，以其知识的系统性、全面性、科学性、趣味性，赢得了公众的广泛喜爱。

课文（手写体）
Texts (handwritten)

第一课　数学符号

数学中的常用符号有很多，"+、-、×、÷、<、>、=、≈"这些符号在汉语中的名称分别是"加号、减号、乘号、除号、小于号、大于号、等于号、约等于号"。

在运算时，"+、-、×、÷、<、>、=、≈"这些符号分别读作"加（上）、减（去）、乘（以）、除以、小于、大于、等于、约等于"。

大部分数学符号的读法与原来读法相同，并没有特别的汉语读法，如 α、β、γ 等。有一部分数学符号既保留了原来的读法，也有自己的汉语名称，如 sin、cos，汉语中也可以称为正弦、余弦。

现在常用的数学符号有200多个，初中数学书里就有20多个。认识数学符号对学习有很大的用处。

第二课　常用表达式

（一）

在国际单位制中，力的单位是牛顿(N)，面积的单位是平方米(m^2)，压强的单位是牛顿/米^2（用 N/m^2 表示，读作牛顿每平方米），简称帕(Pa)。如果5平方米的面积上受到的力是20牛顿，那么，压强就是4牛顿每平方米。

（二）

含有未知数的等式叫做方程。一元一次方程的形式是：$ax+b=0$，它的解是 $x=-b/a$。当 a 等于0，b 不等于0时，方程无解；当 a 等于0，b 等于0时，方程有无穷多个解。

第三课　简单数理关系

（一）

x 大于 y，即 x 比 y 大。x 不小于 y，即 x 大于等于 y。x 是 y 的3倍，即 y 是 x 的

三分之一。a 与 b 的乘积是 c 的平方的两倍。5 的绝对值是 5，–5 的绝对值也是 5，5 和 –5 互为相反数。

(二)

地球的大小介于太阳和月球之间，太阳比地球大，月亮比地球小。太阳的半径是地球的 109 倍，体积是地球的 130 万倍。月球的半径是地球的四分之一，体积只有地球的 49 分之一。地球表面 70% 的面积是海洋，30% 的面积是陆地。

(三)

亚里士多德认为，一块大石头的下落速度要比一块小石头的下落速度大。假定大石头的下落速度是 8，小石头的下落速度为 4，当我们把两块石头捆在一起时，大石头会被小石头拉着而减慢，结果整个系统的下落速度应该小于 8；但两块石头捆在一起，总的重量比大石头还要重，因此整个系统下落的速度要比 8 还大。这样，就从"重物比轻物下降得快"的前提得出了互相矛盾的结论，因此亚里士多德的理论就遇到了麻烦。

第四课　常用数学图形及图形间的关系

(一)

当一条射线绕着它的端点旋转一周的时候，射线上的一点就画出一条封闭的曲线，我们称这条曲线为圆。

(二)

直线和圆有两个公共点，这时我们说这条直线和圆相交。直线和圆只有一个公共点，这时我们说这条直线和圆相切。直线和圆没有公共点，这时我们说这条直线和圆相离。

(三)

在等腰三角形中，有一种特殊的等腰三角形——三条边都相等的三角形，我们把这样的三角形叫做等边三角形。等边三角形的三个内角都相等，并且每一个角都等于 60 度，三个角都相等的三角形是等边三角形。

第五课　定义与说明

（一）

我们把正整数、0、负整数统称为整数；正分数、负分数统称为分数。我们把整数和分数统称为有理数。

（二）

我们周围世界的物质处在不断的变化中。有些变化只是物质的形态发生了变化，但并没有其他物质的生成，我们把这种变化叫做物理变化。例如水的沸腾、汽油的挥发等。有些变化则生成了其他物质，我们把这种变化叫做化学变化。例如木材的燃烧、铁的生锈等。

（三）

物体有固体、液体和气体三种形态。

所谓大气压强，就是我们通常所说的大气压（atmospheric pressure）或气压。

第六课　位置与方向

（一）

向右推墙时，墙对人有相反方向的作用力，人向左运动。

（二）

水平桌面上的小车，静止时受到向下的重力和桌面向上的支持力。沿水平方向向右拉这个小车时，小车受到向右的拉力和向左的摩擦力。

（三）

一个物体放在斜面上，物体受到竖直向下的重力，但它并不是竖直下落，而是沿着斜面下滑。

（四）

同一平面内的两条直线，可能相交，也可能平行。相交成直角的两条直线互相垂直。画一条线段 AB，A 为起点，B 为终点，过 AB 的中点 C 有且仅有一条直线与 AB 垂直。

第七课 异同与比例

（一）

摩擦力的方向与物体运动的方向相反。

（二）

汽车每小时行驶的速度一定，它行驶的路程与时间成正比。汽车在已知路程中行驶，它的速度与时间成反比。

（三）

一个物体在运动时，加速度的大小与它受的力成正比，与它的质量成反比，加速度的方向与力的方向相同。也就是说，物体运动的加速度与它所受的力是正比关系，与它的质量是反比关系。

（四）

欧姆定律告诉我们，导体中电流的大小跟这个导体两端的电压成正比，跟导体的电阻成反比。电阻大小跟导体材料有关，跟导体的质量无关。

第八课 运算与操作（数学）

（一）

以点 O 为圆心，r 为半径画圆。

（二）

已知直角三角形的两个直角边长，根据勾股定理，可以求出斜边长。

（三）

等式的两边同时加上（或减去）任意相同的数，结果仍是等式。

（四）

已知线段 AB，分别以 A、B 为圆心，以大于线段的二分之一长度为半径画弧线，两条弧线分别相交于两点。过这两个交点，可以画出线段 AB 的中垂线。

（五）

在几何变换的现象中，通常包括旋转现象和平移现象。例如，一条射线 OA 以 O 为端点，OA 沿逆时针方向旋转到 OB，可以得出一个角 $\angle AOB$。将 $\angle AOB$ 向右平移，又得出一个大小相同的角 $\angle A'O'B'$。

第九课　运算与操作（物理）

（一）

要知道物理量的数值，必须进行测量。例如，用刻度尺来量长度，用天平来称质量，用温度计来测温度，用电流表或电压表来测电流或电压等等。

（二）

从力的作用点起，沿力的方向画一条线段，在线段的末端标上箭头。线段的长度表示力的大小，箭头的方向表示力的方向，线段的起点是力的作用点。

（三）

确定大气有压强可以通过下面的方法：取一玻璃杯，用硬纸片盖住杯口，手按住纸片，倒置杯子，放开手后，硬纸片立即下落。若在杯内盛满水后，再用硬纸片盖住杯口，手按住纸片，倒置杯子，放开手后，纸片不下落，水也不流出。这表明大气有压强。

第十课　运算与操作（化学）

（一）

钠在空气中燃烧，生成过氧化钠，并发出黄色的火焰。

（二）

在氢气与氧化铜的反应中，氧化铜失去氧发生还原反应，氢气得到氧发生氧化反应。

（三）

请试着做下面的实验：

先在一支试管里加入少量 $CuSO_4$ 溶液，再加入少量 $NaCl$ 溶液，观察有无变化。

在另一支试管里加入 5ml $CuSO_4$ 溶液，再加入 5ml $BaCl_2$ 溶液，然后过滤。观察沉淀和滤液的颜色。

最后在第三支试管里加入少量上述滤液，并滴加 $AgNO_3$ 溶液，观察沉淀的生成。再滴加稀硝酸，观察沉淀是否溶解。

第十一课　指令与要求

（一）

不使用计算器，计算出 15×15 的结果。

（二）

饮料须注明成分含量。衣服须注明洗涤方法。

（三）

用水滴可以制作成放大镜。做法是：取一块薄一点儿的玻璃板，把一滴水滴在玻璃板上，在玻璃板下面放置一个用眼睛看不清楚的小物体。这时水滴成为一个放大镜，我们可以清楚地看到玻璃板下面的微小物体了。

（四）

数学中常常用代入法解二元一次方程组。代入法就是将方程组中一个方程的某个未知数用含有另一个未知数的代数式表示出来，代入另一个方程中，消去一个未知数，得到一个一元一次方程，最后求得方程组的解。

第十二课　分类与举例

（一）

三角形可以按照边的大小或角的大小来分类。按边的大小分为等边三角形、等腰三角形；按角的大小分为直角三角形、锐角三角形和钝角三角形。

（二）

力分为两类：一类是根据力的性质来命名的，如重力、弹力、摩擦力等；另一类是根据力的效果来命名的，如张力、压力、支持力、动力、阻力等。

（三）

物体的位置如果随着时间而改变，我们就说这个物体在做机械运动，简称运动。例如汽车在路上行驶，轮船在海上航行，飞机在天空中飞行，都是物体运动的例子。我们可以以运动的汽车为例，分析物体的受力情况。

（四）

电脑的好处有很多，比如说可以方便我们搜集资料。你想调查某个专题，只要上网一搜索，就可以立刻找到很多与该专题有关的资料，非常方便。

第十三课　变换解释（说明）

（一）

由于信息时代需要数学，因此学好数学很重要。在21世纪，没有一定的数学知识就是文盲。但是，怎么能学好数学呢？换句话说，有什么学好数学的方法呢？

（二）

惯性是个比较抽象的量，我们用什么来衡量惯性的大小呢？一方面，质量小的物体，运动状态容易改变，可以说它的惯性小；另一方面，质量大的物体，运动状态不易改变，它的惯性大。也就是说，物体的质量是物体惯性大小的量度。

（三）

各种物体所含的物质各有不同。例如，一桶水比一瓶水所含的物质多，大铁块比小铁块所含的物质多。亦即物体的质量就是物体所含物质的多少，所含物质越多，物体的质量也就越大；反之，所含物质越少，物体的质量就越小。

第十四课　事物的构成

（一）

云是由许多小水滴或小冰晶组成的，有的是由小水滴或小冰晶混合在一起组成的，有时也包含一些较大的雨滴、冰及雪粒。

（二）

雪是由一些小水滴和小冰晶增长变大而形成的。但是水滴和冰晶要长大到一定程度才能形成雪花，降落到地面。最有利于这些水滴和冰晶增长的是混合云。混合云是由小冰晶和过冷却水滴共同构成的。

（三）

利用化学方法分析众多的物质，发现组成它们的基本成分是元素，而且只有109种。比如说，石灰石的主要成分是碳酸钙，而碳酸钙是由碳、氧、钙这三种元素组成的。又如二氧化碳、一氧化碳、氧气和水，虽然这些物质的成分各有不同，但基本成分都是氧元素。

第十五课　事物的变化（一）

（一）

固态的冰受热后熔化成水，液态的水经过蒸发变成了水蒸气。

（二）

物理变化与化学变化是有联系的，比如蜡烛燃烧，就是由蜡先熔化成液体，然后再汽化，和周围的氧气分子混合，最后再燃烧。物态变化是物理变化，而燃烧则是化学变化。

（三）

固体分为晶体和非晶体两大类。非晶体在熔化过程中，其状态变化情况是：由固体先变成固液共存，再变成液体，最后变成汽液共存，由硬变软是非晶体所特有的熔化过程。而晶体在熔化过程中，虽固液共存，但固液数量在不断变化。常见的非晶体有塑料、沥青、石蜡等。常见的晶体有明矾、硫酸铜、味精等。

第十六课　事物的变化（二）

（一）

计算机之间的联结，除了使用金属导线外，还使用光缆、通信卫星等各种通信手段。随着通信技术的发展，现在已经可以在很短的时间内传送越来越大的信息量，信息传送的速度甚至能够满足电视等活动画面的需要，我们已经可以轻松地在网上看电视了。

（二）

Word可以帮助用户发现文档中的错误。当用户输入文本时，Word会自动检查输入错误并作出标记。如果文字有拼写错误，则在错误文字下面显示红色波浪线；如果有语法错误，则在错误句子下面显示绿色波浪线。

（三）

把水加热到一定温度时，水就会沸腾，液体沸腾时的温度叫做沸点。液体的沸点是随着大气压强的变化而变化的。物体在单位面积上所受到的压力叫压强。大气压强是由于大气层受到重力作用而产生的，离地面越高的地方大气越稀薄，那里的大气压强越小。

第十七课　因果联系

（一）

如果物体沿着圆周运动，并且线速度的大小处处相等，这种运动叫做匀速圆周运动（uniform circular motion）。由于匀速圆周运动的线速度方向是在不断变化的，所以它仍是一种变速运动，这里的"匀速"是指速率不变。

（二）

由于平行度好，激光可以会聚到很小的一点上。由于激光亮度很强，所以千万不能把激光对着人的眼睛照射。

（三）

物体由于被举高而具有的能量叫做重力势能。物体的质量越大，位置越高，它具有的重力势能就越大。物体由于运动而具有的能量叫做动能。质量相同的物体，运动速度越大，它的动能越大；运动速度相同的物体，质量越大，具有的动能就越大。

（四）

由于氯气的化学性质很活泼，它能跟很多金属、非金属和有机物发生反应，生成多种含氯化合物。因此，氯气成为化学工业的重要物质。

第十八课　条件限制

（一）

你看到过"高压危险"的标志吧？电压越高，对人身的危险性越大。干电池的电压只有 $1.5 V$，对人不会造成伤害；家庭照明电路的电压是 $220 V$，就已经很危险了；高压线路的电压高达几万伏甚至几十万伏，即使不直接接触，也能使人死亡。

为什么电压越高越危险？

根据欧姆定律，导体中的电流与导体两端的电压成正比。人体也是导体，电压越高，通过的电流越大，对人身就越有危险。只有不高于 $36 V$ 的电压才是安全的。家庭电路的电压是 $220 V$，远远超出了安全电压，一旦发生触电，很可能有生命危险。

（二）

燃烧通常指的是具有发光放热现象的剧烈的化学反应。

物质燃烧应具备三个条件：1. 物质是可燃物；2. 可燃物跟空气或氧气接触；3. 可燃物的温度达到着火点。要使燃烧停止（即灭火），只要使燃烧物和空气隔绝，或使燃烧物的温度降低到它的着火点以下就可以了。

（三）

在常温、常压下，臭氧是一种有特殊臭味的淡蓝色气体，它的密度比氧气大，比氧气易溶于水，液态呈深蓝色，固态时呈紫黑色。自然界中的臭氧90%集中在距离地面15-50公里的大气平流层中，即通常所说的臭氧层。

大气中的臭氧层能吸收太阳的大部分紫外线，使地球上的生物免遭伤害。但氟氯烃（商品名为氟利昂 fú lì áng）等气体能破坏臭氧层。因此，应减少并逐步停止氟氯烃的生产和使用，以保护臭氧层。

第十九课　推论总结

（一）

实验表明，大多数金属都能与氧气发生反应，但反应的难易程度和剧烈程度不同。例如，镁、铝等在常温下就能与氧气反应；铁、铜等在常温下几乎不与氧气反应，但在高温时能与氧气反应。中国有句老话，"真金不怕火炼"，就是说明金即使在高温时也不与氧气反应。由此可见，镁、铝比较活泼，铁、铜次之，金最不活泼。

（二）

一切物体都有保持原有运动状态的特性。我们把物体的这种特性叫做惯性。如果一个物体由静止变为运动，或者由运动变为静止，就说明它的运动状态发生了改变。如果一个物体速度的大小或方向变了，也说明它的运动状态发生了改变。

（三）

我们周围世界的物质是由100多种元素组成的，而组成人体自身的元素约有50多种。人体中含量较多的元素有11种，它们约占人体质量的99.95%。在人体中含量超过0.01%的元素，称为常量元素，如表1所示。含量在0.01%以下的元素，称为微量元素。有些微量元素在人体中的含量虽然很小，却是维持正常生命活动所必需的，如表2所示。除了常量元素和一些必需微量元素外，还有一些微量元素是人体的非必需元素，如铝、钡、钛等；另一些则为有害元素，如汞、铅、镉等。

综上所述，人体由50多种元素组成，根据含量多少，可分为常量元素和微量元素。常量元素和一些微量元素是人体必需的，它们对人体的生长和健康至关重要。对于人体必需元素，要注意合理摄入，摄入不足或过量均不利于人体健康。防止有害元素对人体的侵害是人类健康生活的重要保证。

表1 人体中含量较多的化学元素

元素名称	元素符号	质量分数（%）
氧	O	65.0
碳	C	18.0
氢	H	10.0
氮	N	3.0
钙	Ca	2.0
磷	P	1.0
钾	K	0.35
硫	S	0.25
钠	Na	0.15
氯	Cl	0.15
镁	Mg	0.05

表2 一些人体必需的微量元素

元素名称	元素符号
铁	Fe
钴（gū）	Co
铜	Cu
锌（xīn）	Zn
铬（gè）	Cr
锰（měng）	Mn
钼（mù）	Mo
氟（fú）	F
碘	I
硒（xī）	Se

第二十课　问题解读（一）

（一）

通过日常生活中对空气的观察，你能否描述氮气的物理性质？

调查本地历史上火灾发生的事例，从能量转化的角度分析其成因并讨论如何防止火灾。

（二）

举出具体的实例来说明：1. 力能够改变物体的运动状态或让物体产生形变；2. 每一个力，都有一个施力物体和一个受力物体。

各边相等的圆内接多边形是正多边形吗？各角相等的圆内接多边形呢？如果是，说明为什么？如果不是，举出反例。

求证：如果三角形一条边上的中线等于这条边的一半，那么这个三角形是直角三角形。

（三）

结合实例说明不可再生能源和可再生能源的特点。

从牛顿第二定律知道，无论怎样小的力都可以使物体产生加速度。可是，我们用力提一个很重的箱子，却提不动它。这跟牛顿第二定律有没有矛盾？应该怎样解释这个现象？

（四）

在求解数学问题时，往往先从简单的特殊情况入手，取得局部的经验结果。然后以这些经验做基础，概括归纳共同特点，猜想问题的结论。猜想的结论是否正确，往往是要证明的。

例：观察等式 21+12=33，43+34=77，53+35=88，87+78=165，98+89=187。试猜想出一个命题，并证明之。

猜想 $\overline{ab}+\overline{ba}=(a+b)\times 11$，其中 a、b 为小于10的自然数。

证明 $\overline{ab}+\overline{ba}=(a\times 10+b)+(b\times 10+a)$
$=(a+b)\times 10+(a+b)$
$=(a+b)\times 11$

第二十一课　问题解读（二）

（一）

木星是围绕太阳公转的行星之一，木星的周围又有卫星围绕它进行公转。如果要通过观测求得木星的质量，需要测量哪些质量？试推导用这些量表示木星质量的计算式。

仔细观察烧杯壁上分别有什么现象发生。推测蜡烛燃烧后可能生成了什么物质。

（二）

在公路旁每隔1km就立一个里程碑。利用里程碑如何估测自行车的速度？

已知半径为 r cm 的圆的面积是半径为 2cm 和 3cm 的两个圆的面积的和，求 r 的值。

（三）

将下列写错的元素符号加以改正。

判断下列说法是否正确，并改正错误的说法。

表1是一张模拟的统计表，请补出表中的空缺，并完成表后的填空。

（四）

整理本课题的探究活动记录，参考教科书中提供的格式（或自己设计报告的格式），写出探究报告。

结合自己的体会，将科学探究必要的环节（或步骤）写下来，并用图示表示它们之间的关系。

词语总表
Vocabulary

A	按	按	àn	动	9
B	半径	半径	bànjìng	名	3
	包含	包含	bāohán	动	14
	包括	包括	bāokuò	动	8
	保留	保留	bǎoliú	动	1
	钡	钡	bèi	名	19
	倍	倍	bèi	量	3
	壁	壁	bì	名	21
	边	边	biān	名	4
	变化	变化	biànhuà	动	5
	变换	变换	biànhuàn	动	8
	变速	变速	biànsù	名	17
	标	标	biāo	动	9
	标记	标记	biāojì	名	16
	标志	标志	biāozhì	名	18
	表面	表面	biǎomiàn	名	3
	表明	表明	biǎomíng	动	9
	表示	表示	biǎoshì	动	2
	冰晶	冰晶	bīngjīng	名	14
	波浪线	波浪线	bōlàngxiàn	名	16
	玻璃	玻璃	bōli	名	9
	不断	不断	búduàn	副	5
C	猜想	猜想	cāixiǎng	动	20
	材料	材料	cáiliào	名	7
	参考	参考	cānkǎo	动	21
	测	测	cè	动	9

测量	测量	cèliáng	动	9
产生	产生	chǎnshēng	动	16
长度	长度	chángdù	名	8
常量	常量	chángliàng	名	19
常用	常用	chángyòng	形	1
超	超	chāo	动	18
沉淀	沉淀	chéndiàn	动	10
称	称	chēng	动	9
称为	称为	chēngwéi	动	1
成分	成分	chéngfèn	名	11
呈	呈	chéng	动	18
乘（以）	乘（以）	chéng (yǐ)	动	1
盛	盛	chéng	动	9
程度	程度	chéngdù	名	19
抽象	抽象	chōuxiàng	形	13
臭氧	臭氧	chòuyǎng	名	18
臭氧层	臭氧层	chòuyǎngcéng	名	18
除（以）	除（以）	chú (yǐ)	动	1
处在	处在	chǔzài	动	5
处处	处处	chùchù	副	17
触电	触电	chùdiàn	动	18
传送	传送	chuánsòng	动	16
垂直	垂直	chuízhí	动	6
次	次	cì	量	2
次之	次之	cì zhī		19
D 大部分	大部分	dà bùfen		1
大气	大气	dàqì	名	9
大气层	大气层	dàqìcéng	名	16
大于	大于	dàyú	动	1
代入	代入	dàirù	动	11

代数式	代数式	dàishùshì	名	11
单位	单位	dānwèi	名	2
单位制	单位制	dānwèizhì	名	2
导体	导体	dǎotǐ	名	7
导线	导线	dǎoxiàn	名	16
倒置	倒置	dàozhì	动	9
得出	得出	déchū	动	8
得到	得到	dédào	动	10
等	等	děng	助	1
等边	等边	děng biān		4
等式	等式	děngshì	名	2
等腰	等腰	děng yāo		4
等于	等于	děngyú	动	1
滴	滴	dī	动/量	10
地面	地面	dìmiàn	名	14
地球	地球	dìqiú	名	3
电流	电流	diànliú	名	7
电路	电路	diànlù	名	18
电压	电压	diànyā	名	7
电阻	电阻	diànzǔ	名	7
调查	调查	diàochá	动	20
动能	动能	dòngnéng	名	17
读法	读法	dúfǎ	名	1
读作	读作	dúzuò	动	1
度	度	dù	名	4
端点	端点	duāndiǎn	名	4
钝角	钝角	dùnjiǎo	名	12
多边形	多边形	duōbiānxíng	名	20
E 二氧化碳	二氧化碳	èryǎnghuàtàn	名	14
F 发现	发现	fāxiàn	动	14

反比	反比	fǎnbǐ	名	7
反应	反应	fǎnyìng	名	10
方程	方程	fāngchéng	名	2
方法	方法	fāngfǎ	名	11
方向	方向	fāngxiàng	名	6
放大镜	放大镜	fàngdàjìng	名	11
放置	放置	fàngzhì	动	11
非晶体	非晶体	fēijīngtǐ	名	15
沸点	沸点	fèidiǎn	名	16
沸腾	沸腾	fèiténg	动	5
分别	分别	fēnbié	副	1
分类	分类	fēnlèi	动	12
分数	分数	fēnshù	名	5
封闭	封闭	fēngbì	动	4
否	否	fǒu	动	20
伏	伏	fú	量	18
氟氯烃	氟氯烃	fúlǜtīng	名	18
符号	符号	fúhào	名	1
G 该	该	gāi	代	12
改正	改正	gǎizhèng	动	21
钙	钙	gài	名	14
盖	盖	gài	动	9
概括	概括	gàikuò	动	20
干电池	干电池	gāndiànchí	名	18
高压	高压	gāoyā	名	18
格式	格式	géshì	名	21
隔绝	隔绝	géjué	动	18
镉	镉	gé	名	19
各种	各种	gè zhǒng		13
根据	根据	gēnjù	动	8

工业	工业	gōngyè	名	17
公共点	公共点	gōnggòngdiǎn	名	4
公转	公转	gōngzhuàn	动	21
汞	汞	gǒng	名	19
共存	共存	gòngcún	动	15
共同	共同	gòngtóng	副	14
勾股定理	勾股定理	gōugǔ dìnglǐ		8
构成	构成	gòuchéng	动	14
估测	估测	gūcè	动	21
固态	固态	gùtài	名	15
固体	固体	gùtǐ	名	5
关系	关系	guānxi	名	7
观测	观测	guāncè	动	21
观察	观察	guānchá	动	10
惯性	惯性	guànxìng	名	13
光缆	光缆	guānglǎn	名	16
归纳	归纳	guīnà	动	20
国际	国际	guójì	名	2
过	过	guò	动	6
过冷却	过冷却	guòlěngquè	动	14
过滤	过滤	guòlǜ	动	10
过氧化钠	过氧化钠	guòyǎnghuànà	名	10

H

海洋	海洋	hǎiyáng	名	3
含	含	hán	动	13
含量	含量	hánliàng	名	11
含有	含有	hányǒu	动	2
航行	航行	hángxíng	动	12
衡量	衡量	héngliáng	动	13
弧	弧	hú	名	8
互为	互为	hù wéi		3

互相	互相	hùxiāng	副	6
化合物	化合物	huàhéwù	名	17
画面	画面	huàmiàn	名	16
还原	还原	huányuán	动	10
环节	环节	huánjié	名	21
挥发	挥发	huīfā	动	5
会聚	会聚	huìjù	动	17
火焰	火焰	huǒyàn	名	10
火灾	火灾	huǒzāi	名	20
J 机械运动	机械运动	jīxiè yùndòng		12
基本	基本	jīběn	形	14
即	即	jí	副	18
集中	集中	jízhōng	动	18
计算器	计算器	jìsuànqì	名	11
加入	加入	jiārù	动	10
加（上）	加（上）	jiā (shang)	动	1
加速度	加速度	jiāsùdù	名	7
加以	加以	jiāyǐ	动	21
假定	假定	jiǎdìng	动	3
检查	检查	jiǎnchá	动	16
减（去）	减（去）	jiǎn (qu)	动	1
箭头	箭头	jiàntóu	名	9
将	将	jiāng	介	11
角	角	jiǎo	名	12
教科书	教科书	jiàokēshū	名	21
结果	结果	jiéguǒ	名	8
结论	结论	jiélùn	名	3
解	解	jiě	名	2
金	金	jīn	名	19
仅	仅	jǐn	副	6

进行	进行	jìnxíng	动	9
晶体	晶体	jīngtǐ	名	15
静止	静止	jìngzhǐ	动	6
局部	局部	júbù	名	20
举	举	jǔ	动	17
具备	具备	jùbèi	动	18
距离	距离	jùlí	动	18
均	均	jūn	副	19
K 刻度尺	刻度尺	kèdùchǐ	名	9
课题	课题	kètí	名	21
空缺	空缺	kòngquē	名	21
捆	捆	kǔn	动	3
L 拉	拉	lā	动	6
蜡	蜡	là	名	15
蜡烛	蜡烛	làzhú	名	15
类	类	lèi	名	12
里程碑	里程碑	lǐchéngbēi	名	21
理论	理论	lǐlùn	名	3
力	力	lì	名	2
沥青	沥青	lìqīng	名	15
例如	例如	lìrú	动	8
联结	联结	liánjié	动	16
炼	炼	liàn	动	19
量度	量度	liángdù	名	13
两端	两端	liǎng duān		7
亮度	亮度	liàngdù	名	17
量	量	liàng	名	9
硫酸铜	硫酸铜	liúsuāntóng	名	15
陆地	陆地	lùdì	名	3
路程	路程	lùchéng	名	7
滤液	滤液	lùyè	名	10

氯气	氯气	lǜqì	名	17
轮船	轮船	lúnchuán	名	12
M 满足	满足	mǎnzú	动	16
矛盾	矛盾	máodùn	形	3
镁	镁	měi	名	19
面积	面积	miànjī	名	2
描述	描述	miáoshù	动	20
灭火	灭火	mièhuǒ	动	18
名称	名称	míngchēng	名	1
明矾	明矾	míngfán	名	15
命名	命名	mìng míng		12
模拟	模拟	mónǐ	动	21
摩擦	摩擦	mócā	动	6
某	某	mǒu	代	11
木材	木材	mùcái	名	5
木星	木星	mùxīng	名	21
N 内角	内角	nèijiǎo	名	4
内接	内接	nèijiē	动	20
能量	能量	néngliàng	名	17
能源	能源	néngyuán	名	20
逆时针	逆时针	nìshízhēn	名	8
牛顿	牛顿	niúdùn	量	2
O 欧姆定律	欧姆定律	ōumǔ dìnglǜ	名	7
P 拼写	拼写	pīnxiě	动	16
平方	平方	píngfāng	名	2
平流层	平流层	píngliúcéng	名	18
平行	平行	píngxíng	动	6
平移	平移	píngyí	动	8
破坏	破坏	pòhuài	动	18
Q 其	其	qí	代	15

起点	起点	qǐdiǎn	名	6
汽油	汽油	qìyóu	名	5
千万	千万	qiānwàn	副	17
前提	前提	qiántí	名	3
墙	墙	qiáng	名	6
且	且	qiě	连	6
侵害	侵害	qīnhài	动	19
氢气	氢气	qīngqì	名	10
情况	情况	qíngkuàng	名	12
求	求	qiú	动	8
求解	求解	qiújiě	动	20
曲线	曲线	qūxiàn	名	4
取	取	qǔ	动	9
确定	确定	quèdìng	动	9
R 然后	然后	ránhòu	连	15
燃烧	燃烧	ránshāo	动	5
绕	绕	rào	动	4
任意	任意	rènyì	形	8
仍	仍	réng	副	8
溶解	溶解	róngjiě	动	10
溶液	溶液	róngyè	名	10
熔化	熔化	rónghuà	动	15
如	如	rú	动	1
入手	入手	rùshǒu	动	20
锐角	锐角	ruìjiǎo	名	12
若	若	ruò	连	9
S 三角形	三角形	sānjiǎoxíng	名	4
上述	上述	shàngshù	形	10
上网	上网	shàng wǎng		12
烧杯	烧杯	shāobēi	名	21

射线	射线	shèxiàn	名	4
摄入	摄入	shèrù	动	19
甚至	甚至	shènzhì	连	16
生成	生成	shēngchéng	动	5
生锈	生锈	shēngxiù	动	5
石灰石	石灰石	shíhuīshí	名	14
石蜡	石蜡	shílà	名	15
时代	时代	shídài	名	13
时间	时间	shíjiān	名	7
势能	势能	shìnéng	名	17
事例	事例	shìlì	名	20
试管	试管	shìguǎn	名	10
受	受	shòu	动	6
受力	受力	shòulì	名	12
输入	输入	shūrù	动	16
竖直	竖直	shùzhí	形	6
数学	数学	shùxué	名	1
数值	数值	shùzhí	名	9
水滴	水滴	shuǐdī	名	11
水平	水平	shuǐpíng	名	6
水蒸气	水蒸气	shuǐzhēngqì	名	15
死亡	死亡	sǐwáng	动	18
搜集	搜集	sōují	动	12
搜索	搜索	sōusuǒ	动	12
速度	速度	sùdù	名	7
速率	速率	sùlù	名	17
塑料	塑料	sùliào	名	15
随着	随着	suízhe	介	12
T 太阳	太阳	tàiyáng	名	3
钛	钛	tài	名	19

探究	探究	tànjiū	动	21
碳	碳	tàn	名	14
碳酸钙	碳酸钙	tànsuāngài	名	14
特殊	特殊	tèshū	形	4
特性	特性	tèxìng	名	19
天平	天平	tiānpíng	名	9
铁块	铁块	tiě kuài		13
通常	通常	tōngcháng	形	8
通过	通过	tōngguò	介	9
通信卫星	通信卫星	tōngxìn wèixīng		16
同时	同时	tóngshí	连	8
统计	统计	tǒngjì	动	21
桶	桶	tǒng	量	13
推	推	tuī	动	6
推测	推测	tuīcè	动	21

W

危险	危险	wēixiǎn	形	18
微量	微量	wēiliàng	名	19
微小	微小	wēixiǎo	形	11
卫星	卫星	wèixīng	名	21
未知	未知	wèi zhī		2
位置	位置	wèizhì	名	12
味精	味精	wèijīng	名	15
温度计	温度计	wēndùjì	名	9
文本	文本	wénběn	名	16
文档	文档	wéndàng	名	16
文盲	文盲	wénmáng	名	13
无	无	wú	动	2
无关	无关	wúguān	动	7
无穷	无穷	wúqióng	动	2
物理	物理	wùlǐ	名	5

物态	物态	wùtài	名	15
物体	物体	wùtǐ	名	5
物质	物质	wùzhì	名	5
X 稀	稀	xī	形	10
稀薄	稀薄	xībó	形	16
洗涤	洗涤	xǐdí	动	11
系统	系统	xìtǒng	名	3
下滑	下滑	xiàhuá	动	6
下落	下落	xiàluò	动	3
显示	显示	xiǎnshì	动	16
现象	现象	xiànxiàng	名	8
线路	线路	xiànlù	名	18
线速度	线速度	xiànsùdù	名	17
相交	相交	xiāngjiāo	动	4
相离	相离	xiānglí	动	4
相切	相切	xiāngqiē	动	4
相同	相同	xiāngtóng	形	1
向	向	xiàng	介	6
消	消	xiāo	动	11
硝酸	硝酸	xiāosuān	名	10
小于	小于	xiǎoyú	动	1
效果	效果	xiàoguǒ	名	12
斜边	斜边	xiébiān	名	8
斜面	斜面	xiémiàn	名	6
信息	信息	xìnxī	名	13
行驶	行驶	xíngshǐ	动	7
行星	行星	xíngxīng	名	21
形变	形变	xíngbiàn	名	20
形式	形式	xíngshì	名	2
形态	形态	xíngtài	名	5

须	须	xū	助动	11
需要	需要	xūyào	动	13
旋转	旋转	xuánzhuǎn	动	4
雪粒	雪粒	xuělì	名	14
Y 压强	压强	yāqiáng	名	2
沿	沿	yán	介	6
氧	氧	yǎng	名	10
氧化	氧化	yǎnghuà	动	10
氧化铜	氧化铜	yǎnghuàtóng	名	10
液态	液态	yètài	名	15
液体	液体	yètǐ	名	5
一旦	一旦	yídàn	副	18
一定	一定	yídìng	形	7
以	以	yǐ	介	8
亦	亦	yì	副	13
硬	硬	yìng	形	9
由此	由此	yóu cǐ		19
由于	由于	yóuyú	连	13
有关	有关	yǒuguān	动	7
有机物	有机物	yǒujīwù	名	17
有理数	有理数	yǒulǐshù	名	5
有利于	有利于	yǒulìyú		14
余弦	余弦	yúxián	名	1
与	与	yǔ	介	1
元	元	yuán	名	2
原来	原来	yuánlái	形	1
圆	圆	yuán	名	4
圆心	圆心	yuánxīn	名	8
约等于	约等于	yuē děngyú		1
月球	月球	yuèqiú	名	3

匀速	匀速	yúnsù	名	17
运算	运算	yùnsuàn	动	1
Z 再	再	zài	副	9
再生	再生	zàishēng	动	20
则	则	zé	连	5
张力	张力	zhānglì	名	12
着火	着火	zháohuǒ	动	18
照射	照射	zhàoshè	动	17
蒸发	蒸发	zhēngfā	动	15
整理	整理	zhěnglǐ	动	21
整数	整数	zhěngshù	名	5
正比	正比	zhèngbǐ	名	7
正弦	正弦	zhèngxián	名	1
之	之	zhī	助	3
之	之	zhī	代	20
支持	支持	zhīchí	动	6
知识	知识	zhīshi	名	13
至关重要	至关重要	zhì guān zhòngyào		19
制作	制作	zhìzuò	动	11
质量	质量	zhìliàng	名	7
中垂线	中垂线	zhōngchuíxiàn	名	8
中点	中点	zhōngdiǎn	名	6
中线	中线	zhōngxiàn	名	20
终点	终点	zhōngdiǎn	名	6
重力	重力	zhònglì	名	6
周	周	zhōu	名	4
逐步	逐步	zhúbù	副	18
注明	注明	zhùmíng	动	11
专题	专题	zhuāntí	名	12
转化	转化	zhuǎnhuà	动	20

资料	資料	zīliào	名	12
紫外线	紫外線	zǐwàixiàn	名	18
自动	自動	zìdòng	副	16
总	總	zǒng	形	3
组成	組成	zǔchéng	动	14
做法	做法	zuòfǎ	名	11

畅销口袋书《想说就说——汉语口语完全手册》系列产品
SAY IT NOW——A Complete Handbook of Spoken Chinese

纸质图书多语种版本
Paper-Based Multilingual Versions

英文版　English Version
ISBN　978-7-5619-1822-7　　28.00元

俄文版　Russian Version
ISBN　978-7-5619-1921-7　　38.00元

日文版　Japanese Version
ISBN　978-7-5619-2001-5　　38.00元

韩文版　Korean Version
ISBN　978-7-5619-2068-8　　38.00元

有声电子书　Audio E-Books

iPad电子书　iPad E-Books

网络版　Web-Based Version
ISBN　978-7-5619-1822-7E　　30.00元
http://www.blcup.com/list_info.asp?id=3415

光盘版　CD-Based Version
ISBN　978-7-900782-21-2　　30.00元
http://www.blcup.com/list_info.asp?id=3436

在这里你可以找到课本中学不到的实用句子，真正教会你"活的汉语"

在这里你可以看到、听到最典型的日常会话，真正能让你"想说就说"

在这里你还能找到各式各样的日常实用信息，真正为你提供在中国生活的全面指南

快来亲身体验一下吧！
Come on, use it now!

欢迎访问汉语教学与文化资源中心
resources.blcup.com

汇聚海量优秀对外汉语教学数字资源，传播汉语与中国文化，打造数字时代的一站式全媒体汉语教学、学习、文化体验服务平台，主要包括以下板块：

教材配套资源

为优秀对外汉语教材配备教案、教学课件、测试题、参考答案、使用交流、教材推介等各类文字、音视频资源，品牌对外汉语教材建有专区，给教材增值、为教师减负

学习资源

提供教材配套学习资源与通用学习资源，语法、语音、汉字、文化等知识触手可及、简单实用，让汉语学习变得更简单

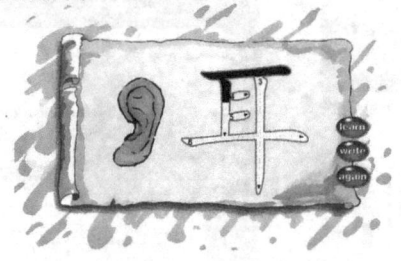

教学资源

全媒体展现一线对外汉语教师使用的多媒体资源、教学案例、测试题、教学研究、教学随笔等，直击课堂，为汉语教师助力

文化体验

在线体验中国传统文化、了解当代中国社会和中国人

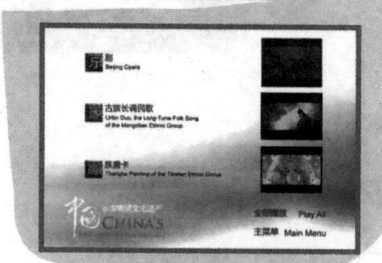

电子书

汇聚对外汉语教学辅助材料、汉语读物、教师培训、学术著作、学汉语期刊等方面的电子书，只需在线支付，即刻获取质高价优的全新电子图书，品味阅读，智慧人生

在线课堂

视频全是课堂实录，讲解详细，情景真实，在任何时间和任何地点，均可跟随优秀的汉语老师学习汉语

交流中心

汉语教学与学习论坛、官方微博、品牌教材微博，在线互动，共享信息，分享经验

北语社网站会员自动升级为资源中心会员，上传原创教学资源有惊喜回馈！